Curso
MAD360

*La diferencia entre aprobar
y sacar plaza*

Peón Especialista
(Grupo V de Personal Laboral)

JUNTA DE COMUNIDADES DE CASTILLA-LA MANCHA

Si aún no dispones de tu **Curso MAD360**, te ofrecemos un acceso GRATIS de 30 días para que disfrutes de los siguientes recursos:

- Técnicas de Memoria 360.
- MADTEST: Test *online* Nivel PRO.
- Temario en formato digital.
- Planificación de estudio.
- Foro entre opositores hasta la fecha del examen.*
- Recursos y novedades exclusivas.
- Consulta sobre la oposición y el proceso selectivo.
- Actualizaciones legislativas (Boletines Oficiales) hasta 60 días antes de la fecha del examen.*

Para acceder a esta prueba del Curso MAD360** será necesaria la compra de todos los libros para esta especialidad de la edición 2024.

Regístrate en **mad.es/iniciar-sesion** y en la pestaña BIBLIOTECA valida los códigos que encuentras en la última página de tus libros.

NOTA IMPORTANTE:

* Examen de esta categoría profesional correspondiente a la convocatoria publicada en el DOCM núm. 244, de 18 de diciembre de 2024, o hasta el 31 de enero de 2026, lo que se cumpla antes, y previa renovación del servicio.

** El acceso al CURSO MAD360 estará disponible desde enero de 2025 (algunos recursos podrían estar disponibles en fecha posterior). Tendrá una duración de 30 días RENOVABLES mediante pago, desde la validación de códigos, o hasta el 31 de julio de 2026, lo que se cumpla antes.

MAD se reserva el derecho a ampliar dichas fechas.

Peón Especialista (Grupo V de Personal Laboral de la Junta de Comunidades de Castilla-La Mancha)

Febrero, 2025

Peón Especialista (Grupo V de Personal Laboral de la Junta de Comunidades de Castilla-La Mancha)

Test

Autores

ANTONIO GARCÍA RUIZ
Ingeniero Técnico de Obras Públicas

HERMINIA ANDRADES ROMERO
Diplomada en Fisioterapia. Técnico Superior en Imagen para el Diagnóstico. Técnica Superior en Laboratorio de Análisis Clínico. Prevencionista de Riesgos Laborales (grado intermedio). Auxiliar de Enfermería

JUAN MANUEL GIL RAMOS
Licenciado en Medicina. Master en Salud Ambiental. Médico Puericultor

ANA MARÍA SERRANO BÁRCENA
Licenciada en Biología

M.ª DOLORES MOLADA LOPEZ
Diplomada en Magisterio
Técnico en Prevención de Riesgos Laborales

JOSÉ LUIS LÓPEZ ÁLVAREZ
Policía Local del Ilmo. Ayto. de Mieres (Asturias)
Profesor de la Escuela de Seguridad Pública del Principado de Asturias

MIGUEL BALDOMERO RAMÍREZ FERNÁNDEZ
Doctor en Educación y Ciencias Sociales
Ingeniero Técnico Industrial/Graduado en Ingeniería Mecánica/Ingeniero de Organización Industrial
Tecnología
Inspector de Educación de Sevilla
Profesor de la Universidad Pablo de Olavide de Sevilla

FRANCISCO JESÚS TORRES FONSECA
Licenciado en Derecho

© 7 Editores Recursos para la Cualificación Profesional y el Empleo, S.L. (7 Editores)
© Los autores
Primera edición, febrero 2025 (164 páginas)
Derechos de edición reservados a favor de 7 Editores
IMPRESO EN ESPAÑA
Diseño Portada: 7 Editores
Edita: 7 Editores
Avda. San Francisco Javier, 9 · Edificio Sevilla 2 · Planta 11 · Módulos 25-27 · 41018 Sevilla
Teléfono: 954 784 411 · WEB: www.mad.es · e-mail: administracion@7editores.com
ISBN: 978-84-142-9099-6
© "Editorial Mad" y "Eduforma" son nombres comerciales registrados de
7 Editores Recursos para la Cualificación Profesional y el Empleo, S.L.

Índice

Conceptos generales sobre la construcción de carreteras. Movimiento de tierras, firmes, pavimentos y hormigones

1. Las autovías:

a) Tienen cruces a nivel.
b) Tienen calzadas separadas para cada sentido de la circulación.
c) No tienen limitación de accesos a y desde las propiedades colindantes.
d) Son carreteras convencionales.

2. No son carreteras convencionales:

a) Las carreteras de montaña.
b) Las carreteras de circunvalación
c) Las carreteras de servicio.
d) Las carreteras multicarril.

3. ¿A qué se denomina árido grueso?

a) A la parte del árido total retenida en el tamiz 4 mm.
b) A la parte del árido total retenida en el tamiz 2 mm.
c) A la parte del árido total retenida en el tamiz 7 mm.
d) A la parte del árido total retenida en el tamiz 25 mm.

4. ¿Qué ensayo mide la resistencia del árido grueso a ser roto o fragmentado?

a) Ensayo de desgaste Los Ángeles.
b) Análisis granulométrico.
c) Índice de lajas y agujas.
d) C.B.R.

5. ¿Qué nombre recibe un árido alargado?

a) Laja.
b) Aguja.
c) Calizo.
d) Machacado.

6. El hormigón que no contiene armaduras se llama:

a) Hormigón pretensado.
b) Hormigón drenante.
c) Hormigón desarmado.
d) Hormigón en masa.

7. En la denominación de un hormigón, ¿qué significado tienen las siglas S, P, B y F?

a) Se refieren al tipo de ambiente a que puede estar sometido el hormigón.
b) Se refieren a la resistencia del hormigón.
c) Indican la dureza del hormigón.
d) Se refieren a la consistencia del hormigón.

8. No se debe extender mezcla bituminosa en caliente si la temperatura ambiente es:

a) Inferior a 5 ºC.
b) Inferior a 5 ºC para capas de espesor mayor de 5 cm, pero para capas de espesor inferior a 5 cm, el mínimo de temperatura es de 8 ºC.
c) 0 ºC.
d) 10 ºC.

9. Cuando una carretera queda más alta que el terreno natural circundante, se dice que la carretera va en:

a) Desmonte.
b) Media ladera.
c) Relleno o terraplén.
d) Voladizo.

10. Según su calidad, los suelos para terraplenes se clasifican, de mayor a menor calidad en:

a) Adecuados, seleccionados, tolerables, marginales e inadecuados.
b) Aceptables, tolerables y no aceptables.
c) Tierra, tránsito y roca.
d) Seleccionados, adecuados, tolerables, marginales e inadecuados.

11. La compactación de las capas de coronación de un terraplén es:

a) La mayor de todas las capas del relleno.
b) La menor de todas las capas del relleno.
c) Igual que la del resto de capas del relleno.
d) Igual que la del cimiento del relleno.

12. Las capas de terraplenes, una vez compactadas, no deben tener un espesor superior a:

a) 50 cm.
b) 40 cm.

c) 20 cm.
d) 30 cm.

13. Existen tres tipos de explanada:

a) Explanada seleccionada, explanada adecuada y explanada tolerable.
b) Explanada E1, explanada E2 y explanada E3.
c) Explanada marginal, explanada inadecuada y explanada de coronación.
d) Ninguna de las anteriores respuestas es correcta.

14. Los firmes flexibles son:

a) Alquitrán y hormigón.
b) Hormigón y asfalto.
c) Asfalto y alquitrán.
d) Hormigón.

15. Los firmes rígidos están formados por:

a) Explanada mejorada, subbase y base.
b) Subbase o base y base de hormigón hidráulico.
c) Pavimento, base y capa filtro.
d) Capa filtro, base, subbase y base de hormigón hidráulico.

16. La subbase granular sirve para:

a) Repartir las cargas del tráfico al terreno.
b) Recibir las presiones de las capas superiores.
c) Construir la zahorra.
d) Formar la capa filtro.

17. La capa de hormigón en masa que se vierte sobre el fondo de una excavación realizada para construir un cimiento se denomina:

a) Hormigón de limpieza.
b) Hormigón magro.
c) Hormigón de alta resistencia inicial.
d) Gunita.

18. ¿Desde qué altura máxima se debe dejar caer el hormigón a un encofrado y por qué?

a) Cuanto mayor sea la altura de caída mejor, pues más se compactará el hormigón.
b) La altura máxima no debe superar un metro de altura, para evitar fisuras.
c) La altura máxima será de 1,5 a 2 m para reducir segregaciones.
d) Ninguna de las respuestas anteriores es correcta.

19. El material granular, de granulometría continua, constituido por partículas total o parcialmente trituradas, en la proporción mínima que se especifique en cada caso y que es utilizado como capa de firme, se denomina:

a) Conglomerante.
b) Zahorra.
c) Emulsión bituminosa.
d) Mezcla bituminosa.

20. Según el artículo 42 de la Ley 9/1990, se considera travesía de población:

a) El tramo de carretera que discurre íntegramente por suelo clasificado de urbano.
b) El tramo de carretera que discurre por suelo clasificado de urbano o consolidado en su totalidad y tenga un entramado de calles en cada uno de sus márgenes.
c) El tramo de carretera que discurre por suelo clasificado de urbano o consolidado en un 50% de su longitud y tenga un entramado de calles, al menos, en uno de sus márgenes.
d) El tramo de carretera que discurre por suelo clasificado de urbano o consolidado en las dos terceras partes de su longitud y tenga un entramado de calles, al menos, en uno de sus márgenes.

21. ¿Cómo se denomina la zona de terreno ocupada realmente por la carretera?

a) Plataforma.
b) Calzada.
c) Explanación.
d) Elemento funcional.

22. Ensayo para medir la resistencia a la rotura de una muestra de suelo previamente compactada y sometida a inmersión en agua:

a) Ensayo CBR.
b) Ensayo de Atterberg.
c) Próctor.
d) Ensayo de colapso.

23. En obras de carretera, se define como la retirada de la cubierta vegetal y el suelo vegetal, sobrepasando las raíces de los arbustos:

a) Desbroce.
b) Explanación.
c) Despeje.
d) Desmonte.

24. En el relleno de un pedraplén, ¿cómo se denomina la parte comprendida entre el cimiento y la zona de transición?

a) Espaldón.
b) Coronación.

c) Talud.
d) Núcleo.

25. Se define como la estructura formada por una o varias capas construidas con materiales seleccionados, colocada sobre la explanada para permitir la circulación en condiciones de seguridad y comodidad:

a) Firme.
b) Pavimento.
c) Plataforma.
d) Asfalto.

26. Barras de hierro que actúan temporalmente de apoyo o soporte de la estructura de chapas o tableros de encofrar:

a) Puñales.
b) Puntadillas.
c) Puntales.
d) Puntillas.

27. Según la NORMA 6.1 IC "Secciones de firme", cada sección se designa por un número de tres o cuatro cifras. La última cifra hace referencia al tipo de firme. Indica la opción correcta:

a) El número 1 son mezclas bituminosas sobre capa granular.
b) El número 1 son mezclas bituminosas sobre suelocemento.
c) El número 1 son mezclas bituminosas sobre gravacemento construida sobre suelocemento.
d) El número 1 son pavimento de hormigón.

28. El material para pedraplenes deberá cumplir las siguientes condiciones granulométricas:

a) El contenido, en peso, de partículas de tamaño superior a 10 mm será inferior al treinta por cien (30 %).
b) El contenido, en peso, de partículas de tamaño inferior a 0,10 mm será inferior al ocho por cien (8 %).
c) El tamaño máximo será como mínimo de cien milímetros (100 mm) y como máximo de novecientos milímetros (900 mm).
d) Todas son correctas.

29. ¿Qué porcentaje máximo de partículas con forma inadecuada se permite en un pedraplén según el PG-3 Art. 331?

a) Superior al 50 %.
b) Superior al 40 %.
c) Inferior al 30 %.
d) Entre el 30 % y 40 %.

30. Según el PG-3 Art. 330, ¿qué valor mínimo de CBR deben tener los materiales adecuados para ser utilizados en coronación en la formación de terraplenes?

a) CBR > 3.
b) CBR > 5.
c) CBR > 7.
d) CBR > 10.

31. ¿Qué límite inferior de índice plástico (IP) deben cumplir los materiales seleccionados en terraplenes si el porcentaje que pasa el tamiz 0.40 es igual o mayor al 15 %?

a) IP < 5.
b) IP < 8.
c) IP < 10.
d) IP < 15.

32. Según el PG-3 Art. 332, ¿qué materiales se consideran aptos para rellenos localizados en trasdós de obras de fábrica?

a) Marginales.
b) Adecuados y seleccionados con CBR > 20.
c) Solo seleccionados.
d) Materiales con alto contenido de sales solubles.

33. ¿Qué condición deben cumplir las rocas para ser consideradas estables en un todo-uno según el PG-3 Art. 333?

a) Contener más del 10 % de sales solubles.
b) Tener una pérdida de peso inferior al 5 %.
c) Ser inferior a un 2 % de desmoronamiento.
d) Ser de tipo evolutivo.

34. ¿Qué significado tiene la letra T en el formato por el que se tipifican los hormigones según el Real Decreto 471/2021, de 29 de junio?

a) Resistencia.
b) Tamaño máximo.
c) Indicativo.
d) Ambiente.

Solución al test n.º 1

1. b) Tienen calzadas separadas para cada sentido de la circulación.

2. d) Las carreteras multicarril.

3. a) A la parte del árido total retenida en el tamiz 4 mm.

4. a) Ensayo de desgaste Los Ángeles.

5. b) Aguja.

6. d) Hormigón en masa.

7. d) Se refieren a la consistencia del hormigón.

8. b) Inferior a 5 ºC para capas de espesor mayor de 5 cm, pero para capas de espesor inferior a 5 cm, el mínimo de temperatura es de 8 ºC.

9. c) Relleno o terraplén.

10. d) Seleccionados, adecuados, tolerables, marginales e inadecuados.

11. a) La mayor de todas las capas del relleno.

12. d) 30 cm.

13. b) Explanada E1, explanada E2 y explanada E3.

14. c) Asfalto y alquitrán.

15. b) Subbase o base y base de hormigón hidráulico.

16. a) Repartir las cargas del tráfico al terreno.

17. a) Hormigón de limpieza.

18. c) La altura máxima será de 1,5 a 2 m para reducir segregaciones.

19. b) Zahorra.

20. d) El tramo de carretera que discurre por suelo clasificado de urbano o consolidado en las dos terceras partes de su longitud y tenga un entramado de calles, al menos, en uno de sus márgenes.

21. c) Explanación.

22. c) Próctor.

23. a) Desbroce.

24. d) Núcleo.

25. a) Firme.

26. c) Puntales.

27. a) El número 1 son mezclas bituminosas sobre capa granular.

28. c) El tamaño máximo será como mínimo de cien milímetros (100 mm) y como máximo de novecientos milímetros (900 mm).

29. c) Inferior al 30 %.

30. b) CBR > 5.

31. c) IP < 10.

32. b) Adecuados y seleccionados con CBR > 20.

33. c) Ser inferior a un 2 % de desmoronamiento.

34. c) Indicativo.

TEST N.º 2

Señalización vertical y horizontal, elementos que la integran, conservación y reposición. Seguridad Vial. Señalización de obras

1. La norma 8.1-IC señalización vertical de la Instrucción de Carreteras se encuentra regulada por la:

a) Orden FOM/524/2014, de 20 de marzo.
b) Orden FOM/534/2014, de 20 de marzo.
c) Orden FOM/234/2014, de 20 de marzo.
d) Orden FOM/634/2014, de 20 de marzo.

2. Señala el que no consideres que es uno de los principios básicos de la señalización:

a) Claridad.
b) Sencillez.
c) Uniformidad.
d) Todos son correctos.

3. La propiedad conocida como retrorreflectancia debe ser garantizada por el fabricante por un tiempo mínimo de:

a) 3 años.
b) 4 años.
c) 5 años.
d) 2 años.

4. La dimensión de las señales triangulares según establece la Norma 8.1-IC será de:

a) 950 mm.
b) 1150 mm.
c) 1250 mm.
d) 1350 mm.

5. Con relación a los "carteles", indica la afirmación que creas que es la correcta:

a) Las dimensiones de los carteles se deducirán del tamaño de los caracteres utilizados.

b) Las dimensiones de los carteles se deducirán del tamaño de las orlas utilizadas, así como de las separaciones entre líneas y bordes.

c) Las dimensiones de los carteles se deducirán del tamaño de los caracteres y orlas utilizados, así como de las separaciones entre líneas, orlas y bordes.

d) Las dimensiones de los carteles se deducirán del tamaño de las separaciones entre líneas, orlas y bordes.

6. La máxima distancia a la que se puede leer un mensaje se conoce con el nombre de visibilidad fisiológica. Para determinarla se multiplica el tamaño de la letra o símbolo que lleve inscrita por un número determinado. Si en una señal el símbolo inscrito tiene un tamaño de 0,15 m, ¿a qué distancia deberá colocarse la señal vertical?

a) A 120 m.
b) A 105 m.
c) A 90 m.
d) Ninguna es correcta.

7. Las señales de advertencia de peligro se designan con la letra "P" y su numeración se encuentra comprendida entre:

a) 1 y 99.
b) 100 y 199.
c) 200 y 299.
d) 300 y 399.

8. El subgrupo de señales de Prioridad, de Restricción de Paso o de Obligación pertenecen al grupo de señales de:

a) Advertencia de Peligro.
b) Reglamentación.
c) Indicación.
d) Ninguno de los anteriores.

9. La estructura formada por un dintel y apoyada a ambos lados de la plataforma se conoce con el nombre de:

a) Cartel.
b) Subcartel.
c) Pórtico.
d) Banderola.

10. Para que las señales sean visibles en todo momento, casi todos sus elementos constituyentes deberán ser retrorreflectantes. Existen tres clases y tres subclases de retrorreflexión. Señala las características de la Clase RA3-ZB:

a) Recomendada para especificar materiales retrorreflectantes a utilizar en carteles y paneles complementarios en tramos interurbanos de autopistas y autovías.

b) Recomendada para especificar materiales retrorreflectantes a utilizar en entornos complejos (glorietas, intersecciones, etc.), tramos periurbanos y en carteles y paneles complementarios en tramos interurbanos de carreteras convencionales.

c) Recomendada para especificar materiales retrorreflectantes a utilizar en zonas urbanas.

d) Ninguna es correcta.

11. Indica la respuesta correcta: en el cruce de una carretera principal con otra secundaria con poca visibilidad, además de la correspondiente señal de advertencia de peligro por la intersección colocada en ambas vías, en la vía secundaria se colocará una señal de:

a) Stop.

b) Ceda el Paso.

c) Las dos anteriores son correctas.

d) La intersección deberá estar regulada por semáforos.

12. La normativa que regula los elementos de balizamiento retrorreflectantes se encuentra contemplada en:

a) Orden FOM/2525/2014, de 12 de diciembre.

b) Orden FOM/2323/2014, de 12 de diciembre.

c) Orden FOM/2523/2014, de 12 de diciembre.

d) Orden FOM/2623/2014, de 12 de diciembre.

13. Indica la respuesta que creas correcta respecto a la siguiente afirmación: Los paneles direccionales se colocan como complemento a las señales de peligro que avisan de la proximidad de una curva, se sitúan en la entrada de la misma y deben ser visibles como mínimo a:

a) 100 metros de distancia.

b) 150 metros de distancia.

c) 200 metros de distancia.

d) 205 metros de distancia.

14. Indica la respuesta correcta. La altura de la baliza cilíndrica:

a) Estará comprendida entre 50 y 80 cm.

b) Será de 50 cm.

c) Será de 80 c.

d) Será de 1,05 m.

15. Las barreras de seguridad son sistemas de contención de vehículos diseñados para su instalación en:

a) Los bordes de tableros de puentes y obras de paso.
b) Los márgenes de la carretera.
c) Las medianas de la carretera.
d) Las respuestas b) y c) son correctas.

16. Se entiende por deflexión dinámica de un sistema de contención de vehículos:

a) El máximo desplazamiento lateral producido durante el impacto de la cara del sistema más próxima al vehículo.
b) La distancia entre la cara más próxima al vehículo antes del impacto y la posición lateral más alejada que durante el choque alcanza cualquier parte esencial del conjunto del sistema de contención y el vehículo.
c) La distancia entre la cara más alejada al vehículo antes del impacto y la posición lateral más cercana que durante el choque alcanza cualquier parte esencial del conjunto del sistema de contención y el vehículo.
d) La severidad que el impacto supone para los ocupantes del vehículo.

17. El espesor de los lechos de frenado será variable pero siempre deberá contar con un mínimo de grosor de:

a) 40 cm.
b) 50 cm.
c) 60 cm.
d) No hay un mínimo establecido y siempre va en función de las características de la vía y de su velocidad y pendiente.

18. Los materiales de base usados en la señalización horizontal tienen definidos sus requisitos en la norma:

a) UNE 135200.
b) UNE 153200.
c) Orden FOM/234/2014, de 20 de marzo.
d) Ninguna es correcta.

19. La macrotextura superficial en la marca vial permite la consecución de efectos acústicos o vibratorios al paso de las ruedas. Estos efectos pueden regularse mediante:

a) La variación de la altura de la macrotextura.
b) La forma de la macrotextura.
c) La separación de los resaltes dispuestos en la macrotextura.
d) Todas las respuestas son correctas.

20. La normativa que regula la señalización de obras es la:

a) Norma 8.1-IC.
b) Norma 8.2-IC.
c) Norma 8.3-IC.
d) Norma 8.4-IC.

21. La modificación que incorpora el Real Decreto 61/2022, de 25 de enero, en el Real Decreto 345/2011, de 11 de marzo, sobre gestión de la seguridad de las infraestructuras viarias en la red de carreteras del Estado en su objeto ha sido establecer los procedimientos relacionados con:

a) Las evaluaciones de impacto de las infraestructuras viarias en la seguridad.
b) La evaluación de la seguridad de las carreteras.
c) Las auditorias de seguridad viaria.
d) La gestión de la seguridad de las infraestructuras viarias en servicio.

22. Según la Orden FOM/3053/2008, ¿cuál es la altura estándar de un paso peatonal sobreelevado?

a) 6 cm.
b) 15 cm.
c) 8 cm.
d) 10 cm.

23. ¿Qué característica distingue a las bandas sonoras de las vibratorias?

a) Ambas generan vibración y ruido perceptible.
b) Las bandas vibratorias son más anchas que las sonoras.
c) Las bandas sonoras producen estímulos vibratorios intensos.
d) Las bandas sonoras generan un sonido característico al ser pisadas.

24. ¿Qué dispositivos se utilizan para alertar a los conductores en zonas de proximidad a peajes o intersecciones peligrosas?

a) Barreras de contención.
b) Atenuadores de impacto.
c) Bandas sonoras o vibratorias.
d) Separadores de carril.

25. Esta flecha indica a los conductores el lugar donde pueden iniciar el cambio de carril para utilizar un carril de salida, en especial de una autopista o autovía:

a) De selección de carriles.
b) De salida.
c) De retorno.
d) De fin de carril.

Solución al test n.º 2

1. b) Orden FOM/534/2014, de 20 de marzo.

2. d) Todos son correctos.

3. c) 5 años.

4. d) 1350 mm.

5. c) Las dimensiones de los carteles se deducirán del tamaño de los caracteres y orlas utilizados, así como de las separaciones entre líneas, orlas y bordes.

6. a) A 120 m.

7. a) 1 y 99.

8. b) Reglamentación.

9. c) Pórtico.

10. b) Recomendada para especificar materiales retrorreflectantes a utilizar en entornos complejos (glorietas, intersecciones, etc.), tramos periurbanos y en carteles y paneles complementarios en tramos interurbanos de carreteras convencionales.

11. a) Stop.

12. c) Orden FOM/2523/2014, de 12 de diciembre.

13. a) 100 metros de distancia.

14. a) Estará comprendida entre 50 y 80 cm.

15. d) Las respuestas b) y c) son correctas.

16. a) El máximo desplazamiento lateral producido durante el impacto de la cara del sistema más próxima al vehículo.

17. b) 50 cm.

18. a) UNE 135200.

19. d) Todas las respuestas son correctas.

20. c) Norma 8.3-IC.

21. b) La evaluación de la seguridad de las carreteras.

22. d) 10 cm.

23. d) Las bandas sonoras generan un sonido característico al ser pisadas.

24. c) Bandas sonoras o vibratorias.

25. b) De salida.

TEST N.º 3

Materiales a utilizar en la conservación y mantenimiento de carreteras

1. ¿De qué materia prima procede el betún?

a) Del petróleo.
b) Del alquitrán.
c) De la hulla.
d) De residuos metalúrgicos.

2. El paso de estado pastoso a sólido del cemento amasado con agua se llama:

a) Fraguado.
b) Curado.
c) Rotura.
d) Endurecimiento.

3. Los aditivos más empleados para estabilizar suelos son:

a) Sal y cemento.
b) Emulsión bituminosa y escorias.
c) Cloruro cálcico.
d) Cal y cemento.

4. Entre las siguientes opciones, la madera y el corcho se utilizan en construcción de carreteras, fundamentalmente, para:

a) Pavimentos.
b) Encofrados para la puesta en obra del hormigón.
c) Estabilizar suelos.
d) Material básico en las capas inferiores de los pavimentos.

5. ¿De dónde se obtiene el alquitrán?

a) De la hulla.
b) De la destilación fraccionada de crudos petrolíferos.

c) De canteras y graveras.
d) Mezcla de arena, grava, cemento y agua.

6. De la cocción de arcillas y calizas y molienda de esta mezcla con adición de yesos, se obtiene:

a) Betún.
b) Hormigón.
c) Cemento.
d) Áridos artificiales.

7. Se define como la pasta muy fluida de cemento y agua:

a) Clínker.
b) Zahorra.
c) Mortero de cemento.
d) Lechada de cemento.

8. Mezcla de árido, agua y cemento fabricado en central que se compacta en obra antes de que comience el fraguado del cemento:

a) Clínker.
b) Gravacemento.
c) Mortero de cemento.
d) Lechada de cemento.

9. MG 15/25 es un tipo de:

a) Betún asfáltico.
b) Cemento.
c) Hormigón.
d) Árido grueso.

10. Es un tipo de betún modificado con polímeros:

a) AC16 surf D.
b) PMB 10/40-70.
c) CL 90-S.
d) MG 160/220.

11. A los puentes se les realizan estos tipos de inspecciones:

a) Básicas y completas.
b) Básicas, principales y especiales.
c) Una cada 5 años.
d) Ninguna respuesta de las anteriores es correcta.

12. Las inspecciones básicas de puentes:

a) Deben ser realizadas por personal altamente cualificado (ingenieros especialistas en inspección de puentes).
b) Se realizan cada 5 años.
c) Se realizan cada 15 meses.
d) Se realizan cuando el puente está en ambientes agresivos.

13. ¿Cuál es la principal causa del deterioro del revestimiento de un túnel?

a) El agua.
b) La carbonatación del cemento.
c) Los gases de combustión de los vehículos.
d) Las vibraciones.

14. La termografía es un método de estudio de túneles que consiste en:

a) Medir la temperatura de aire y del agua de un túnel.
b) Medir la temperatura del revestimiento de un túnel.
c) Medir la temperatura de la roca que rodea al túnel.
d) Medir la temperatura del pavimento de la calzada del túnel.

15. ¿Por qué la oxidación de las barras de acero del hormigón produce grietas y desconchamientos?

a) Porque la oxidación se "contagia al hormigón".
b) Porque el óxido disuelve el cemento del hormigón.
c) Porque el agua que oxida las armaduras produce hinchamiento del hormigón.
d) Porque las barras, al oxidarse, aumentan su volumen.

16. ¿Cuál es la mejor medida de prevención de la oxidación de armaduras del hormigón?

a) Se deben asegurar unos recubrimientos mínimos de hormigón alrededor de las barras de acero.
b) Se debe compactar el hormigón lo mejor posible, para que este no sea poroso.
c) Se debe vigilar la relación agua-cemento del hormigón, intentando que esta sea lo menor posible.
d) Todas las anteriores respuestas son correctas.

17. En los muros de contención realizados a base de gaviones, ¿qué aspecto debe comprobarse durante una inspección de mantenimiento?

a) El estado del hormigón (fisuras, desconchados…).
b) El estado de los drenajes.

c) El estado de las mallas de acero.

d) El estado de las barandillas situadas en su coronación.

18. ¿Qué aparato permite localizar las armaduras que el hormigón armado posee en su interior?

a) Esclerómetro.

b) Radiografías.

c) Gammagrafías.

d) Pachómetro.

19. ¿Cuál es el solape mínimo entre dos láminas de geotextil consecutivas prolongadas por solape?

a) 1 m.

b) 10 cm.

c) 2 m.

d) 50 cm.

20. ¿Cuál de estas propiedades no corresponde a un material drenante?

a) Alto contenido en partículas finas.

b) Equivalente de arena superior a 30.

c) No plástico.

d) Ninguna de las anteriores respuestas es correcta.

21. ¿En qué consiste el galvanizado de una chapa de acero?

a) En recubrirla con una pintura protectora tipo epoxi.

b) En recubrirla con hormigón para reducir su abrasabilidad.

c) En someterla a un tratamiento térmico que aumenta su resistencia a flexión.

d) En un baño de zinc.

22. Si una tubería de acero corrugado y galvanizado de 1 m de diámetro va alojada en una zanja, ¿cuál será la anchura mínima de la zanja?

a) 1,40 m.

b) 3 m.

c) 1,60 m.

d) 2 m.

23. ¿Cuál es la diferencia entre un pontón y un puente?

a) Los puentes tienen más de cuatro vanos y los pontones menos de 4.

b) La longitud: si es mayor de 10 m se trata de un puente.

c) La sección: circular en pontones y rectangular en puentes.

d) El material: hormigón en masa en pontones y hormigón armado en puentes.

24. ¿Cuál es la dimensión mínima de una tapa o rejilla de un pozo de registro?

a) 1 m.

b) 60 cm.

c) 1,5 m.

d) 90 cm.

25. ¿Cuál es la función de la lámina geotextil en una zanja drenante?

a) Proteger al tubo drenante de pinchazos.

b) Evitar que el agua arrastre partículas finas hasta el material drenante o el tubo drenante.

c) Impermeabilizar el material drenante.

d) Impermeabilizar el tubo drenante.

26. ¿De qué material suele ser el tubo drenante en los drenajes profundos?

a) Hierro.

b) Acero.

c) PVC.

d) Cobre.

27. ¿Qué tipo de cace sería el que aparece en la siguiente imagen?

a) De bordillo, con pendiente mayor que calzada.

b) De sumidero continuo, con rendija.

c) De cabeza de terraplén.

d) Central.

28. ¿Qué tipo de cace sería el que aparece en la siguiente imagen?

a) De bordillo, con pendiente mayor que calzada.

b) De sumidero continuo, con rendija.

c) De cabeza de terraplén.

d) Central.

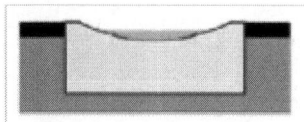

29. ¿Qué tipo de cace sería el que aparece en la siguiente imagen?

a) De bordillo, con pendiente mayor que calzada.

b) De sumidero continuo, con rendija.

c) De cabeza de terraplén.

d) Central.

30. Proceso químico en el hormigón de envejecimiento ambiental causado por la acción del dióxido de carbono (CO_2) y el agua, que transforma el hidróxido de calcio en carbonato cálcico:

a) Cloración.
b) Calcificación.
c) Oxidación.
d) Carbonatación.

Solución al test n.º 3

1. a) Del petróleo.

2. a) Fraguado.

3. d) Cal y cemento.

4. b) Encofrados para la puesta en obra del hormigón.

5. a) De la hulla.

6. c) Cemento.

7. d) Lechada de cemento.

8. b) Gravacemento.

9. a) Betún asfáltico.

10. b) PMB 10/40-70.

11. b) Básicas, principales y especiales.

12. c) Se realizan cada 15 meses.

13. a) El agua.

14. b) Medir la temperatura del revestimiento de un túnel.

15. d) Porque las barras, al oxidarse, aumentan su volumen.

16. d) Todas las anteriores respuestas son correctas.

17. c) El estado de las mallas de acero.

18. d) Pachómetro.

19. d) 50 cm.

20. a) Alto contenido en partículas finas.

21. d) En un baño de zinc.

22. c) 1,60 m.

23. b) La longitud: si es mayor de 10 m se trata de un puente.

24. b) 60 cm.

25. b) Evitar que el agua arrastre partículas finas hasta el material drenante o el tubo drenante.

26. c) PVC.

27. a) de bordillo, con pendiente mayor que calzada.

28. d) Central.

29. b) De sumidero continuo, con rendija.

30. d) Carbonatación.

TEST N.º 4

Nociones generales sobre trabajos de conservación y parques de maquinaria

1. ¿Qué nombre recibe el elemento de la carretera destinado a parada de vehículos, sin interceptar la circulación?

a) Berma.
b) Arcén.
c) Arista exterior de la explanación.
d) Apartadero.

2. ¿Cómo se denomina la pendiente transversal de la plataforma en tramos de recta?

a) Peralte.
b) Arista.
c) Bombeo.
d) Bajante.

3. ¿Cómo se denomina la inclinación transversal de la plataforma en los tramos de curva?

a) Bombeo.
b) Arista.
c) Peralte.
d) Bajante.

4. ¿Qué es una cuneta de guarda?

a) Una cuneta sita al pie de un talud de desmonte.
b) Una cuneta sita en la mediana de una autovía.
c) Una cuneta sita en la cabecera de un talud de desmonte.
d) Una cuneta sita al pie de un terraplén, cuando el terreno circundante vierte hacia él.

5. Pérdidas de material que sufren en sus bordes las carreteras sin arcén pavimentado:

a) Bacheo.
b) Blandones.
c) Mordientes.
d) Grietas.

6. Indica la opción que no sea un tipo de compactador:

a) De suelo.
b) Vibratorios de suelo.
c) Horizontales.
d) Neumáticos.

7. Indica la afirmación falsa sobre el compactador vibratorio:

a) Consta de uno o dos rodillos metálicos que vibran.
b) Suele compactar capas superiores a 100 cm de espesor.
c) Compacta debido al peso del mismo y a la vibración que produce.
d) Durante su trabajo, este compactador circula a baja velocidad.

8. Señala la afirmación falsa sobre el compactador de neumáticos:

a) Tiene neumáticos en vez de rodillos.
b) Los neumáticos están repartidos en dos trenes: el delantero y el trasero.
c) Son utilizados normalmente en acabados de capas asfálticas porque sella o cierra la superficie de la capa de rodadura.
d) El poder de compactación viene dado por la vibración que produce la máquina.

9. ¿Con qué compactador se compactan las arcillas?

a) Con el de suelo.
b) Con el vibratorio.
c) Con el de pata de cabra.
d) Con los pisones vibrantes.

10. Las bombas de hormigón son máquinas que impulsan el hormigón a través de:

a) Cubetas.
b) Una tubería articulada.
c) Cubos.
d) Carretillas.

11. Cuando se prepara el mortero en la hormigonera, se añade el cemento:

a) Como primer componente.
b) Después del aditivo.
c) Después de la grava.
d) Como último componente.

12. En las hormigoneras se obtienen mezclas tanto de mortero como de hormigón más:

a) Heterogéneas.
b) Diluidas.
c) Homogéneas.
d) Espumosas.

13. El hormigón que se fabrica en las autohormigoneras, ¿es de alta calidad?

a) Sí.
b) No.
c) Depende de la cubeta.
d) Depende del conductor.

14. ¿Se debe limpiar la parte interior de la cubeta de la hormigonera una vez que se haya acabado el trabajo?

a) Sí, con agua.
b) No hace falta.
c) Depende del tipo de trabajo al que haya estado sometida.
d) No, si es eléctrica.

15. ¿Con qué máquina se excavan zanjas y pozos?

a) Pala cargadora.
b) Retroexcavadora.
c) Tractor de cadenas.
d) Compactador vibratorio.

16. ¿Qué apero se coloca en el brazo de la retroexcavadora para romper materiales duros?

a) Martillo neumático.
b) Pisón.
c) Ripador.
d) Martillo hidráulico.

17. Los compactadores de neumáticos se emplean en:

a) Compactación final de capas asfálticas.
b) Compactación de zahorras artificiales.
c) Compactación de terraplenes.
d) Compactación de pedraplenes.

18. Los compactadores de pata de cabra se emplean en:

a) Compactación final de capas asfálticas.
b) Compactación de zahorras artificiales.
c) Compactación de suelos arcillosos.
d) Compactación de suelos arenosos.

19. La niveladora se emplea para:

a) Perfilar taludes.
b) Extender zahorras.
c) Perfilar cunetas.
d) Todas las respuestas anteriores son correctas.

20. ¿Qué uso no corresponde a las mototraíllas?

a) Cargar suelos.
b) Transportar suelos.
c) Compactar suelos.
d) Extender suelos.

21. ¿Cómo se llama el arado trasero del tractor de cadenas?

a) Escarificador.
b) Bulldozer.
c) Trépano.
d) Acanalador.

22. ¿Cómo se llama el camión que transporta maquinaria de obras públicas por carretera?

a) Camión volquete.
b) Dumper.
c) Camión grúa.
d) Góndola.

23. ¿Cómo se guía la extendedora para ejecutar con precisión el extendido de los asfaltos?

a) Únicamente por la pericia del conductor, que ha de ser muy experto.
b) Merced a unas guías laterales previamente colocadas.

c) Mediante GPS.
d) Dos operarios situados a pie de obra guían al conductor.

24. ¿Cómo se extienden las emulsiones bituminosas en las obras de carreteras?

a) Mediante cubas dotadas de aspersores.
b) Mediante bombas de hormigón.
c) Mediante extendedoras.
d) Todas las respuestas anteriores son correctas.

25. ¿Qué máquina es capaz de rebajar un pavimento?

a) El martillo hidráulico.
b) La mototraílla.
c) La extendedora de aglomerado.
d) La fresadora.

26. Los retenes de Guardia Localizada del Servicio de Conservación y Explotación de Carreteras de la Consejería de Fomento regulados por la instrucción C-1 de 2016 están formados por:

a) Dos coordinadores.
b) 4 trabajadores manuales de cualquier categoría.
c) Dos conductores.
d) Cinco miembros, aunque en ocasiones excepcionales por falta de personal podrán estar compuestos por cuatro miembros.

27. Indica la opción incorrecta en relación al tratamiento preventivo en el Protocolo de Viabilidad Invernal 2022-23 de la Consejería de Fomento de la Junta de Castilla – La Mancha:

a) El extendido quedará a 50 cm del borde.
b) En calzadas con fuerte bombeo se puede reducir el ancho de extendido.
c) no se extenderán fundentes en los bordes de la carretera con el fin de evitar pérdidas y la contaminación de las márgenes.
d) El fundente se aplicará en toda la anchura de una sola vez.

28. Para hacer frente a heladas, nevadas normales y nevadas excepcionales el Protocolo de Viabilidad Invernal de la Consejería de Fomento de la Junta de Castilla – La Mancha prevé las siguientes operaciones:

a) Extendido de fundentes (NaCl pura).
b) Retirada de nieve con maquinaria de empuje y extendido de fundentes.
c) Servicio de Vigilancia Específica.
d) Todas ellas son operaciones para realizar.

29. Los dozers no se emplean en:

a) Nivelación de terraplenes.
b) Explanaciones de superficies.
c) Excavación y extensión de tierras.
d) Elevación de materiales.

30. ¿Qué material se recomienda para baches pequeños y superficiales menores a 0,25 m²?

a) Aglomerado en caliente envasado.
b) Mezcla asfáltica en frío envasada.
c) Aglomerado en caliente proyectado.
d) Tratamiento superficial con cemento.

31. ¿Qué factor determina el tamaño máximo del árido en la mezcla asfáltica?

a) El tipo de carretera.
b) La climatología de la zona.
c) La profundidad del bache.
d) El volumen del tráfico.

32. ¿Cuál es la recomendación para reparar un bache en una carretera con mucho tráfico?

a) Usar una mezcla en frío cerrada.
b) Realizar una reparación en dos fases: temporal y definitiva.
c) Evitar la compactación por la presión del tráfico.
d) Emplear solo técnicas de tratamiento superficial.

33. ¿Qué procedimiento es clave para garantizar la adherencia del material nuevo al existente en un bache profundo?

a) Compactar directamente el material sin preparación.
b) Aplicar un riego de adherencia o imprimación.
c) Evitar el cajeo para mantener los bordes naturales.
d) Usar un compactador neumático sin vibración.

34. ¿Qué herramienta es ideal para marcar los límites de un bache mediano?

a) Sierra de cortar asfalto.
b) Martillo neumático.
c) Rodillo liso metálico.
d) Cañón de aire comprimido.

35. ¿Qué factor climático promueve el uso de técnicas en frío?

a) Alta humedad.
b) Presión atmosférica baja.
c) Clima seco y cálido.
d) Temperaturas bajas o zonas frías.

36. ¿Cuál es el orden adecuado para compactar un bache con rodillo metálico?

a) Comenzar por el centro y luego los bordes.
b) Iniciar en los bordes y luego compactar hacia el centro.
c) Compactar solo las esquinas.
d) Compactar toda la superficie de una sola pasada.

37. ¿Qué herramienta se usa para limpiar un bache profundo antes de aplicar material nuevo?

a) Extendedora convencional.
b) Sierra de mano.
c) Aire comprimido.
d) Vibrador mecánico.

38. ¿Qué tipo de reparaciones no se consideran bacheos, sino rehabilitaciones de firme?

a) Problemas generalizados como piel de cocodrilo o deformaciones.
b) Baches mayores a 1 m².
c) Fisuras en las juntas de baches pequeños.
d) Reparaciones en carriles con asfalto granular.

39. ¿Qué elemento se aplica al final del bacheo para evitar adherencias a los neumáticos?

a) Compactación con rodillo.
b) Cintas de sellado.
c) Recebo de arena.
d) Emulsión bituminosa.

40. ¿Qué se recomienda hacer si se detecta humedad en un bache profundo durante la preparación?

a) Compactar directamente para eliminar la humedad.
b) Detectar el origen de la humedad y drenarla o impermeabilizarla.
c) Rellenar con una mezcla asfáltica en frío.
d) Aplicar una capa extra de material granular.

Solución al test n.º 4

1. d) Apartadero.

2. c) Bombeo.

3. c) Peralte.

4. c) Una cuneta sita en la cabecera de un talud de desmonte.

5. c) Mordientes.

6. c) Horizontales.

7. b) Suele compactar capas superiores a 100 cm de espesor.

8. d) El poder de compactación viene dado por la vibración que produce la máquina.

9. c) Con el de pata de cabra.

10. b) Una tubería articulada.

11. d) Como último componente.

12. c) Homogéneas.

13. b) No.

14. a) Sí, con agua.

15. b) Retroexcavadora.

16. d) Martillo hidráulico.

17. a) Compactación final de capas asfálticas.

18. c) Compactación de suelos arcillosos.

19. d) Todas las respuestas anteriores son correctas.

20. c) Compactar suelos.

21. a) Escarificador.

22. d) Góndola.

23. b) Merced a unas guías laterales previamente colocadas.

24. a) Mediante cubas dotadas de aspersores.

25. d) La fresadora.

26. d) Cinco miembros, aunque en ocasiones excepcionales por falta de personal podrán estar compuestos por cuatro miembros.

27. b) En calzadas con fuerte bombeo se puede reducir el ancho de extendido.

28. d) Todas ellas son operaciones para realizar.

29. d) Elevación de materiales.

30. b) Mezcla asfáltica en frío envasada.

31. c) La profundidad del bache.

32. b) Realizar una reparación en dos fases: temporal y definitiva.

33. b) Aplicar un riego de adherencia o imprimación.

34. a) Sierra de cortar asfalto.

35. d) Temperaturas bajas o zonas frías.

36. b) Iniciar en los bordes y luego compactar hacia el centro.

37. c) Aire comprimido.

38. a) Problemas generalizados como piel de cocodrilo o deformaciones.

39. c) Recebo de arena.

40. b) Detectar el origen de la humedad y drenarla o impermeabilizarla.

TEST N.º 5

Nociones básicas sobre trabajos de jardinería y otros

1. ¿Cómo se denomina a la actividad que consiste en labrar la tierra para repartir los terrones y, a la vez, romperlos? Se suele realizar al final del invierno, cuando finalizan las heladas:

a) Desmenuzar.
b) Laboreo.
c) Mullir.
d) Desbrozar.

2. Consiste en dar una segunda vuelta a la tierra, para aflojar el suelo. Es una operación que frena la evaporación del agua de superficie:

a) Binar.
b) Escardar.
c) Airear.
d) Segar.

3. ¿Cuál debe ser la altura del corte de una pradera, que puede ser normal a lo largo de la temporada vegetativa?

a) 12-15 cm.
b) 15- 18 cm.
c) 3- 4 cm.
d) 4- 6 cm.

4. La técnica que consiste en hacer que se desarrollen raíces en una parte del tallo que permanece unido a la planta materna y que se separa de esta una vez enraizado convirtiéndose en una planta nueva, se denomina:

a) Injerto.
b) Esqueje.
c) Acodo.
d) Plantón.

5. Las plantas realizan la transpiración a través de:

a) Esquejes.
b) Plastos.
c) Raíz.
d) Estomas.

6. Para hacer la reposición de calvas en una pradera que está en pleno funcionamiento utilizaremos:

a) Resiembras.
b) Semillas tratadas.
c) Siega vertical.
d) Tepes.

7. ¿Cómo se llama el tipo de crecimiento del tallo que provoca el crecimiento de los entrenudos?

a) Apical.
b) Meristemo.
c) Intercalar.
d) Entredós.

8. ¿Cuál es el período más favorable para realizar un injerto?

a) Finales del verano.
b) Finales del invierno.
c) Principios de primavera u otoño.
d) Principios de año.

9. Se trata de una azadilla de boca estrecha y mango corto, utilizado para escardar y limpiar la tierra de malas hierbas y para trasplantar plantas pequeñas:

a) Palote.
b) Hoz.
c) Almocafre.
d) Horca.

10. Tiene dientes redondos y sirve para acarrear cantidades grandes de materiales ligeros, el abono orgánico, los matorrales y, por supuesto, la hierba tanto en seco como en verde:

a) Gancho.
b) Horquilla.
c) Rodillo.
d) Azadilla.

11. ¿Cuál de las siguientes herramientas puede ser manejada con una sola mano?

a) Guadaña.
b) Hacha.
c) Horca de ganchos.
d) Hoz.

12. Es un sistema de riego formado por emisores que distribuyen el agua con un sector fijo, en forma de gotas o de pequeños chorros y que no disponen de elementos móviles:

a) Difusor.
b) Aspersor.
c) Por goteo.
d) Nebulizador.

13. Se utiliza para limpiar caminos, entradas de garajes y zonas alrededor de edificios. Las hojas, suciedad y césped cortado se limpian con suma facilidad y sin esfuerzo alguno. Es apto incluso para eliminar nieve recién caída:

a) Soplador de mochila.
b) Motoazada.
c) Regenerador.
d) Hidrolavadora.

14. La técnica para airear el césped consiste en:

a) Proyectar aire con el soplador de mochila.
b) Proyectar agua con la hidrolavadora.
c) Realizar un *"rajado"*, rompiendo y destrozando la superficie del suelo.
d) Aplicar turba sobre el césped.

15. Es la parte más importante de la hoja puesto que en ella se van a realizar los procesos de intercambio gaseoso a través de unos órganos conocidos como estomas. Esta zona contiene unos haces formados por tejido suberoso y liberiano llamados nervios. Nos referimos al:

a) Haz.
b) Limbo.
c) Envés.
d) Pecíolo.

16. ¿Qué tipo de herramienta utilizaremos para abatir un árbol?

a) Motosierra.
b) Cortasetos.

c) Tijera de recorte.
d) Tijera de mano.

17. ¿Qué tipo de maquinaria utilizaríamos para realizar trabajos livianos de huerto?

a) Motosierra.
b) Desbrozadora.
c) Motocultor.
d) Motoazada.

18. Respecto a la sierra de poda, señala la respuesta incorrecta:

a) Cuantos más dientes tiene, más preciso es su corte.
b) Se utilizan sierras con dientes pequeños para ramas grandes.
c) Corta en dirección contraria a los serruchos.
d) Resulta muy útil para zonas limitadas de trabajo.

19. Las hormonas vegetales llamadas auxinas, la más conocida es el ácido indolacético, contribuyen al crecimiento de:

a) La raíz.
b) El tallo.
c) Las yemas.
d) Las hojas.

20. El tipo de tallo aéreo sin ramificar de aspecto leñoso por los restos que dejan en él las hojas, típico de las palmeras datileras, se llama:

a) Estipe.
b) Cálamo.
c) Caña.
d) Tronco.

21. Para las enfermedades abióticas de las plantas el tratamiento posible es:

a) Búsqueda de especies resistentes.
b) Destrucción del cuerpo de fructificación del parásito.
c) Uso de fungicidas.
d) Medidas químicas.

22. De los siguientes, señale cuál es un fruto pomo, es decir, el pericarpio forma parte del receptáculo carnoso:

a) Melón.
b) Melocotón.

c) Tomate.
d) Manzana.

23. La técnica que consiste en cortar de una planta, cuyos caracteres se quiere conservar y transmitir, una yema o púa que se suelda a otra planta especialmente robusta denominada patrón, se llama:

a) Injerto.
b) Acodo.
c) Esqueje.
d) Cogollo.

24. ¿Cómo se llama el tallo de gran grosor y subterráneo que crece de forma paralela a la superficie del suelo, justo por debajo y que suele ser comestible?

a) Estoma.
b) Raíz.
c) Rizoma.
d) Cuerpo piliforme.

25. ¿Cómo se llaman las primeras hojas que se desarrollan en una planta, que son de corta duración, pues mueren muy pronto?

a) Nomófilos.
b) Cotiledones.
c) Estípulas.
d) Brácteas.

26. Este carnet de capacitación para el uso y tratamiento de productos fitosanitarios permite realizar tratamientos con productos fitosanitarios que sean gases clasificados como tóxicos, muy tóxicos, o mortales, o que generen gases de esta naturaleza:

a) Básico.
b) Fumigador.
c) Cualificado.
d) Aviador de fitosanitarios.

27. ¿Cuál no es un método de eliminación de malas hierbas?

a) Técnicas psicológicas.
b) Técnicas culturales.
c) Técnicas químicas.
d) Técnicas biológicas.

28. La técnica de eliminación de malas hierbas utilizando el pastoreo es un tipo de técnica:

a) Física.
b) Biológica.
c) Química.
d) Cultural.

29. La limpieza de las herramientas de labranza antes de emplearlas donde existen malas hierbas es una técnica de eliminación:

a) Física.
b) Biológica.
c) Química.
d) Cultural.

30. Quemar la vegetación sobrante es una técnica de eliminación de malas hierbas de tipo:

a) Física.
b) Biológica.
c) Química.
d) Cultural.

Solución al test n.º 5

1. c) Mullir.

2. a) Binar.

3. c) 3- 4 cm.

4. c) Acodo.

5. d) Estomas.

6. d) Tepes.

7. c) Intercalar.

8. c) Principios de primavera u otoño.

9. c) Almocafre.

10. b) Horquilla.

11. d) Hoz.

12. a) Difusor.

13. a) Soplador de mochila.

14. c) Realizar un *"rajado"*, rompiendo y destrozando la superficie del suelo.

15. b) Limbo.

16. a) Motosierra.

17. d) Motoazada.

18. b) Se utilizan sierras con dientes pequeños para ramas grandes.

19. b) El tallo.

20. a) Estipe.

21. a) Búsqueda de especies resistentes.

22. d) Manzana.

23. a) Injerto.

24. c) Rizoma.

25. b) Cotiledones.

26. b) Fumigador.

27. a) Técnicas psicológicas.

28. b) Biológica.

29. d) Cultural.

30. a) Física.

TEST N.º 6

Conocimientos básicos de fontanería, electricidad y albañilería. Reparaciones de averías simples

1. ¿Qué tipo de herramienta utilizaremos para el corte de tubos de PVC?

a) Cortatubos.
b) Racores de compresión de arandelas de plástico.
c) Tijeras de corte.
d) Cualquier tipo de sierra.

2. ¿Qué nombre reciben las piezas de metal u otro material que sirven para asegurar algunas cosas ciñéndolas?

a) Junta plana.
b) Abrazaderas.
c) Junta tórica.
d) Latiguillos.

3. Las juntas que están diseñadas para contener el paso del humo y gases de un compartimento a otro dentro de un mismo edificio se denominan:

a) Estancas.
b) Intumescentes.
c) Planas.
d) Tóricas.

4. La llave de paso que en posición abierta deja el paso del agua de forma total y en posición de cerrado, cierra el paso herméticamente, se denomina:

a) De compuerta.
b) De escuadra.
c) Normal.
d) De empotrar cuello largo.

5. De las siguientes características, indica cuál no es propia de las tuberías de cobre:

a) Es un metal de color rojo salmón.
b) Es un buen conductor de la electricidad.
c) Con la humedad se recubre de una capa de óxido llamada "cardenillo".
d) Es un mal conductor del calor.

6. ¿Cuál no es una ventaja de las tuberías de PVC?

a) No les afectan las heladas.
b) Son muy ligeras.
c) Son económicas.
d) Se oxidan.

7. La herramienta que se utiliza para ensanchar o ampliar la boca de los tubos se conoce con el nombre de:

a) Abocinador.
b) Abocardador.
c) Mandril.
d) Curvadora.

8. La llave que proporciona potencia de agarre sin arañar ni deformar los tubos de plástico o metal pulido, que se utiliza en tubos de plástico, filtros o cualquier superficie resbaladiza o lisa, se denomina:

a) Llave dullan.
b) Tenazas para tubos.
c) Pico de loro.
d) Llave de cinta.

9. La herramienta diseñada para dar diferentes formas a las bocas de los tubos de metal es:

a) Abocinador.
b) Abocardador.
c) Cortatubo telescópico.
d) Curvadora.

10. ¿Qué evidencias percibiremos cuando exista una avería debida a la conexión defectuosa de la reactancia, que habrá que comprobar, o bien a que la reactancia es inadecuada, por lo que habrá que sustituirla por otra de potencia acorde con el tubo fluorescente?

a) Los bornes zumban produciendo ruido.
b) El tubo no enciende.

c) La luz parpadea.
d) Los extremos del tubo se ponen negros.

11. Para sustituir un portalámparas defectuoso es necesario, en primer lugar:

a) Desatornillar los terminales de los conductores.
b) Reemplazar la reactancia.
c) Desenroscar la bombilla y quitarla de la base.
d) Desenroscar el aro de porcelana y la funda metálica para acceder a la base.

12. ¿Qué tipo de alicates utilizaremos para agarre y plegado en ángulo recto de alambres y piezas de chapa?

a) De corte.
b) De puntas redondas.
c) De puntas planas.
d) De puntas acodadas.

13. ¿Cuál es la unidad en la que se mide la intensidad de la corriente?

a) Ohmio.
b) Lux.
c) Voltio.
d) Amperio.

14. ¿Qué caracteriza al destornillador de electricista?

a) Tiene la cabeza delgada y la punta cuadrada y lisa.
b) Lleva el vástago de acero recubierto de una funda de plástico.
c) Tiene una pequeña lámpara de neón en el interior del mango transparente.
d) Es tipo estrella o cruciforme.

15. ¿Cuál es el interruptor que se encarga de proteger a las personas de los contactos indirectos, conocido también como "salvavidas"?

a) Interruptor general automático.
b) Interruptor automático diferencial.
c) Interruptor de control de potencia.
d) Toma de tierra.

16. En un circuito eléctrico, ¿qué cable corresponde con la toma de tierra?

a) Negro.
b) Marrón.
c) Amarillo con una franja verde.
d) Azul.

17. Un cortocircuito se produce cuando:

a) El cable de alimentación y el de retorno de un aparato entran en contacto.
b) El cable de retorno entra en contacto con otro cable de retorno.
c) El circuito eléctrico funciona de manera ininterrumpida.
d) No existe cable de retorno.

18. ¿Cómo se llama la operación que consiste en forrar muros y tabiques tanto en paramentos exteriores como en interiores?

a) Aplacado.
b) Encofrado.
c) Revestimiento.
d) Alicatado.

19. ¿Cómo se llama al compuesto de conglomerantes inorgánicos, agregados finos y agua, y posibles aditivos que sirven para pegar elementos de construcción tales como ladrillos, piedras, bloques de hormigón, etc.?

a) Mezcla.
b) Mortero.
c) Encofrante.
d) Lechada.

20. ¿Qué tipo de material se debe pasar al terminar el enfoscado para conseguir un acabado rugoso?

a) Fratás.
b) Llana.
c) Talocha.
d) Regla.

21. ¿En qué consiste el revoque?

a) En extender una segunda capa de mortero de cemento, cal o de resinas sintéticas, de 0,5 a 1 cm de espesor, sobre el enfoscado.
b) En nivelar las irregularidades que presenta la superficie del paramento.
c) En dar una capa de mortero, elaborado con árido mucho más fino, y perfectamente alisado con la llana.
d) En revestir un paramento con una pasta compuesta por escayola o yeso blanco muy fino y polvo de mármol, amasados con agua en la que previamente se habrá disuelto una cierta cantidad de cola.

22. ¿Qué es la "adaraja o enjarje"?

a) La disposición sobre cómo se colocan los ladrillos.
b) Los surcos que se realizan en las paredes, techos, etc.

c) Unos entrantes y salientes de una pared para asegurar la unión con otra, cuando se prosiga con la obra.

d) El proceso de revestimiento y protección de una pared.

23. Si tenemos que eliminar el enyesado o revoque de una pared para sanearla, en caso que hayamos detectado humedad, lo primero que habrá que saber es:

a) Cómo ajustar tanto la fuerza como los materiales que se han de emplear para evitar deteriorar la pared oculta por la capa de yeso.

b) Cómo quitar las placas de revoque duro que se hayan quedado en la pared a medida que se desprendía la mayoría del mismo.

c) Cómo utilizar una rasqueta o un cepillo de cerdas metálicas para hacer desaparecer todas las irregularidades, así como las juntas y llagas de los ladrillos y los rastros de material, que pueden ser perjudiciales para posteriores trabajos.

d) El material del que se conforma el muro sobre el que va el revoque.

24. Útil generalmente de madera con dos lados bordeados sujetados de forma horizontal; esta superficie tiene un mango para sujetar con la mano. Con este útil podemos transportar morteros y demás masas y se llama:

a) Artesa.

b) Esparavel.

c) Llana.

d) Bujarda.

25. Los recipientes que se utilizan para realizar pequeñas masas, bien sea de hormigón, cemento, yeso, etc., se llaman:

a) Carrillos.

b) Cestillas.

c) Artesas.

d) Divisas.

26. ¿Qué herramienta se utiliza para unir diferentes tipos de cables a conectores mediante deformación?

a) Alicates de corte.

b) Destornillador eléctrico.

c) Crimpadora.

d) Pelacables.

27. ¿Qué se entiende por aislamiento funcional en un cable eléctrico?

a) Protección contra cortocircuitos.

b) Aislamiento necesario para garantizar el funcionamiento normal y la protección fundamental contra los choques eléctricos.

c) Aislamiento doble para evitar fugas eléctricas.

d) Una cubierta exterior impermeable.

28. ¿Cuándo se considera que un interruptor diferencial es de alta sensibilidad?

a) Cuando tiene un valor mayor a 50 mA.
b) Cuando detecta cualquier sobrecarga.
c) Cuando el valor es igual o inferior a 30 mA.
d) Cuando solo funciona en corriente alterna.

29. ¿Qué califica el Reglamento Electrotécnico de Baja Tensión como instalación eléctrica de baja tensión?

a) Instalaciones para alumbrado público únicamente.
b) Todo conjunto de aparatos y de circuito asociados en previsión de un fin particular: producción, conversión, transformación, transmisión, distribución o utilización de la energía eléctrica.
c) Instalaciones de media tensión para uso doméstico.
d) Sistemas eléctricos con tensiones nominales superiores a 1.500 V.

30. ¿Cuál es la tensión nominal máxima para una instalación de baja tensión en corriente alterna?

a) 500 V.
b) 1.000 V.
c) 1.500 V.
d) 2.000 V.

31. ¿Qué tipo de circuito se destina a alimentar tomas de corriente de uso general y frigorífico?

a) C_2.
b) C_1.
c) C_3.
d) C_5.

32. ¿Qué elemento se instala en el fondo de las zanjas de cimentación de los edificios para una toma de tierra de protección?

a) Barra metálica galvanizada.
b) Cable rígido de cobre desnudo.
c) Electrodos de aluminio con revestimiento.
d) Conductores de acero recubiertos de plástico.

33. ¿Qué sección mínima deben tener los conductores de protección en las líneas principales de tierra según la ITC-BT-19?

a) 10 mm^2.
b) 12 mm^2.
c) 20 mm^2.
d) 16 mm^2.

34. ¿Qué elemento no puede utilizarse como conductor de tierra?

a) Barra de cobre aislada.
b) Tuberías de agua o gas.
c) Electrodos verticales de acero.
d) Conductores desnudos de cobre.

35. ¿Qué interruptor puede sustituirse si hay uno por cada circuito en una instalación eléctrica?

a) Interruptor diferencial general.
b) Interruptor de control de potencia.
c) Interruptor magnetotérmico.
d) Interruptor de corte omnipolar.

36. ¿Qué factor interviene en el cálculo de la intensidad de corriente prevista en un circuito?

a) Potencia máxima del interruptor.
b) Longitud del conductor.
c) Factor de simultaneidad (Fs).
d) Resistencia eléctrica del conductor.

37. ¿Qué nivel de tensión se considera en una red de distribución pública de baja tensión en alimentación trifásica?

a) 115/230 V.
b) 230/400 V.
c) 120/208 V.
d) 240/415 V.

38. ¿Cuándo debe comprobarse la continuidad de las conexiones equipotenciales en baños y aseos?

a) Cada cinco años.
b) Cada diez años.
c) Durante las reformas del edificio.
d) Anualmente.

39. ¿Qué grado de protección debe tener un aparato instalado en el volumen 0 de una ducha?

a) IPX4.
b) IPX5.
c) IPX7.
d) IPX2.

40. ¿Qué debe hacerse si un interruptor diferencial desconecta y el problema persiste tras reconectarlo?

a) Sustituir el interruptor de inmediato.
b) Desconectar todos los automáticos y/o fusibles detrás del diferencial.
c) Reemplazar los conductores de la instalación.
d) Revisar el cuadro general de protección.

41. ¿Qué dispositivo debe incluir un cuadro general de distribución en una vivienda para proteger contra contactos indirectos?

a) Interruptor magnetotérmico.
b) Interruptor diferencial general.
c) Fusibles de protección.
d) Interruptor de corte omnipolar.

42. ¿Qué característica tienen los conductores activos según su naturaleza y sección?

a) Deben ser de aluminio recubierto.
b) Deben ser de cobre, aislados y con una tensión asignada de 450/750 V como mínimo.
c) Pueden estar desnudos para mayor conductividad.
d) Su aislamiento debe soportar al menos 1.000 V.

43. ¿Cómo se identifica un conductor de protección en una instalación eléctrica?

a) Por el color azul oscuro.
b) Por el doble color amarillo-rojo.
c) Por el color marrón o negro.
d) Por el doble color amarillo-verde.

44. ¿Qué tipo de sistema de instalación permite cables aislados bajo tubo curvable o flexible?

a) Superficial exclusivamente.
b) Empotrada.
c) Prefabricada únicamente.
d) Con canalizaciones abiertas.

45. ¿Qué elemento se utiliza en lámparas fluorescentes para producir una sobretensión que ioniza el tubo?

a) Cebador.
b) Reactancia.
c) Condensador.
d) Transformador.

46. ¿Qué tipo de circuito permite el encendido de lámparas desde dos puntos diferentes?

a) Paralelo controlado.
b) Conmutada.
c) Serie cruzada.
d) Pulsador biestable.

47. ¿Qué sistema se utiliza para encender lámparas desde varios puntos mediante pulsadores?

a) Conmutadores múltiples.
b) Relé biestable.
c) Interruptores diferenciales.
d) Fusibles temporales.

48. ¿Qué medida debe tomarse cada cinco años en un cuadro general de distribución?

a) Revisar las conexiones equipotenciales.
b) Comprobar los dispositivos de protección contra cortocircuitos y contactos.
c) Sustituir todos los interruptores diferenciales.
d) Medir la tensión nominal de cada conductor.

49. ¿Qué ocurre si una lámpara fluorescente se enciende y apaga constantemente?

a) El balasto está dañado.
b) El interruptor diferencial se disparó.
c) Hay falta de tensión en la red.
d) El cebador está en mal estado o la lámpara está agotada.

50. ¿Qué prueba debe realizarse cada dos años en la barra de puesta a tierra?

a) Verificar las conexiones equipotenciales.
b) Medir la resistencia de puesta a tierra en la época más seca.
c) Sustituir los electrodos metálicos.
d) Aislar la barra con un revestimiento protector.

51. ¿Con qué se mide la tensión en electricidad?

a) Amperímetro.
b) Voltímetro.
c) Luxómetro.
d) Vatímetro.

52. ¿Con qué se mide la intensidad de corriente?

a) Amperímetro.
b) Voltímetro.
c) Luxómetro.
d) Vatímetro.

53. Este aparato nos sirve para medir las iluminaciones:

a) Amperímetro.
b) Voltímetro.
c) Luxómetro.
d) Vatímetro.

54. En las canalizaciones en superficie de la instalación eléctrica:

a) Los mecanismos deberán ir empotrados siempre.
b) Los tubos deben ser flexibles.
c) Los tubos deberán ser rígidos.
d) Ninguna es correcta.

55. ¿De qué color es el cable neutro?

a) Azul.
b) Negro.
c) Amarillo.
d) Marrón.

56. No es una parte de un conductor o cable:

a) Alma de cable.
b) Aislamiento.
c) Capa de relleno.
d) Todas son partes de un conductor, junto con la cubierta protectora.

57. ¿Qué tipo de aislamiento termoestable responde al acrónimo MICC?

a) Polietileno.
b) Policloruro de vinilo.
c) Neopreno.
d) Cobre revestido, mineral aislado.

58. ¿De qué calibre / AWG será el conductor que utilicemos para productos electrónicos como un timbre?

a) 10.
b) 8.

c) 16.
d) 4.

59. ¿Qué lado de un ladrillo se denomina "soga"?

a) El lado corto del ladrillo.
b) Cada lado largo del ladrillo.
c) El lado mediano del ladrillo.
d) La cara con textura decorativa.

60. ¿Qué tipo de ladrillo pesa poco y se utiliza como barrera contra la humedad?

a) Macizo.
b) Hueco.
c) Perforado.
d) Especial.

61. ¿Qué medida se recomienda para almacenar ladrillos en la obra?

a) Amontonarlos en cualquier lugar.
b) Colocarlos directamente en contacto con el suelo.
c) Guardarlos en lugares protegidos de la suciedad y la lluvia.
d) Dejar los paquetes abiertos para ventilar los ladrillos.

62. ¿Qué nombre reciben las juntas verticales entre ladrillos en la construcción de paredes?

a) Tendeles.
b) Llagas.
c) Adarajas.
d) Aparejos.

63. ¿Qué herramienta es preferible utilizar para realizar rozas en muros verticales?

a) Cincel y martillo.
b) Medios mecánicos.
c) Taladro eléctrico de mano.
d) Cortador manual de ladrillos.

64. ¿Qué tipo de material se utiliza en cantoneras para proteger esquinas?

a) Vidrio templado.
b) Madera, metal o plástico.
c) Hormigón prefabricado.
d) Cartón-yeso.

65. ¿Cuál es la causa principal de las humedades por remonte capilar?

a) Infiltraciones de agua de lluvia en el techo.
b) Condensación de vapor en superficies frías.
c) Absorción de agua del terreno a través de la cimentación.
d) Grietas en los muros exteriores.

66. ¿Qué medida es eficaz para evitar la propagación de la humedad por capilaridad?

a) Aplicar pintura impermeable en las paredes.
b) Colocar barreras capilares entre los elementos constructivos y el suelo.
c) Rellenar las grietas con cemento hidráulico.
d) Utilizar ladrillos macizos en los muros.

67. ¿Qué método consiste en inyectar una sustancia química para cortar la humedad ascendente?

a) Inyecciones químicas.
b) Electroforesis.
c) Sifones atmosféricos.
d) Drenaje del terreno.

68. ¿Qué herramienta se recomienda para eliminar revoques en paredes con desconchados?

a) Taladro con broca de diamante.
b) Cincel plano y martillo.
c) Sierra de mano.
d) Pulidor eléctrico.

Solución al test n.º 6

1. d) Cualquier tipo de sierra.

2. b) Abrazaderas.

3. b) Intumescentes.

4. a) De compuerta.

5. d) Es un mal conductor del calor.

6. d) Se oxidan.

7. b) Abocardador.

8. d) Llave de cinta.

9. a) Abocinador.

10. a) Los bornes zumban produciendo ruido.

11. d) Desenroscar el aro de porcelana y la funda metálica para acceder a la base.

12. c) De puntas planas.

13. d) Amperio.

14. b) Lleva el vástago de acero recubierto de una funda de plástico.

15. b) Interruptor automático diferencial.

16. c) Amarillo con una franja verde.

17. a) El cable de alimentación y el de retorno de un aparato entran en contacto.

18. c) Revestimiento.

19. b) Mortero

20. d) Regla.

21. a) En extender una segunda capa de mortero de cemento, cal o de resinas sintéticas, de 0,5 a 1 cm de espesor, sobre el enfoscado.

22. c) Unos entrantes y salientes de una pared para asegurar la unión con otra, cuando se prosiga con la obra.

23. d) El material del que se conforma el muro sobre el que va el revoque.

24. b) Esparavel.

25. c) Artesas.

26. c) Crimpadora.

27. b) Aislamiento necesario para garantizar el funcionamiento normal y la protección fundamental contra los choques eléctricos.

28. c) Cuando el valor es igual o inferior a 30 mA.

29. b) Todo conjunto de aparatos y de circuito asociados en previsión de un fin particular: producción, conversión, transformación, transmisión, distribución o utilización de la energía eléctrica.

30. b) 1.000 V.

31. a) C_2.

32. b) Cable rígido de cobre desnudo.

33. d) 16 mm^2.

34. b) Tuberías de agua o gas.

35. a) Interruptor diferencial general.

36. c) Factor de simultaneidad (Fs).

37. b) 230/400 V.

38. a) Cada cinco años.

39. c) IPX7.

40. b) Desconectar todos los automáticos y/o fusibles detrás del diferencial.

41. b) Interruptor diferencial general.

42. b) Deben ser de cobre, aislados y con una tensión asignada de 450/750 V como mínimo.

43. d) Por el doble color amarillo-verde.

44. b) Empotrada.

45. a) Cebador.

46. b) Conmutada.

47. b) Relé biestable.

48. b) Comprobar los dispositivos de protección contra cortocircuitos y contactos.

49. d) El cebador está en mal estado o la lámpara está agotada.

50. b) Medir la resistencia de puesta a tierra en la época más seca.

51. b) Voltímetro.

52. a) Amperímetro.

53. c) Luxómetro.

54. c) Los tubos deberán ser rígidos.

55. a) Azul.

56. d) Todas son partes de un conductor, junto con la cubierta protectora.

57. d) Cobre revestido, mineral aislado.

58. c) 16.

59. b) Cada lado largo del ladrillo.

60. b) Hueco.

61. c) Guardarlos en lugares protegidos de la suciedad y la lluvia.

62. b) Llagas.

63. b) Medios mecánicos.

64. b) Madera, metal o plástico.

65. c) Absorción de agua del terreno a través de la cimentación.

66. b) Colocar barreras capilares entre los elementos constructivos y el suelo.

67. a) Inyecciones químicas.

68. b) Cincel plano y martillo.

TEST N.º 7

Nociones generales sobre maquinaria y utillaje

1. Máquina utilizada para ahondar y limpiar terrenos, extrayendo de ellos fango, piedras, tierras, etc...

a) Draga.
b) Galletera.
c) Llagueador.
d) Alcatana.

2. La galletera es:

a) Una máquina utilizada para realizar trabajos de nivelación y refino de terrenos.
b) Una máquina para ahondar y limpiar terrenos.
c) Una máquina con la que se realiza la vibración del hormigón con objeto de lograr un mejor asiento y reducción de huecos.
d) Una máquina para hacer ladrillos.

3. ¿Cuál es la función más habitual de una amoladora?

a) Tronzado.
b) Devastado.
c) Afilado.
d) Corte.

4. La distancia entre un andamio y el paramento deberá ser igual o inferior a:

a) 10 cm.
b) 30 cm.
c) 50 cm.
d) 80 cm.

5. ¿A partir de qué altura de una plataforma de trabajo es necesaria la instalación de barandilla, listón intermedio y rodapié, y trabajar sujeto a partes sólidas mediante el cinturón de seguridad?

a) Un metro.
b) 2 metros.

c) 3 metros.
d) 5 metros.

6. La separación máxima de los puntos de apoyo de los tablones en un andamio sobre borriquetas, es de:

a) 1 metro.
b) 1,5 metros.
c) 2 metros.
d) 2,5 metros.

7. La distancia mínima de un pasamanos o barandilla al suelo es de:

a) 90 cm.
b) 1 metro.
c) 1,20 metros.
d) 1,30 metros.

8. ¿Cuánto han de sobrepasar las escaleras de mano la altura a salvar, una vez puestas en la correcta posición?

a) 10 cm.
b) 25 cm.
c) 50 cm.
d) 1 metro.

9. ¿De qué color es el neutro en un cable eléctrico?

a) Amarillo con una franja verde.
b) Azul.
c) Gris.
d) Marrón.

10. Las bases de enchufes o toma de corriente indiferentemente de la disposición de las clavijas de la base pueden tener 4 tipos de bases. Una de las indicadas no es un tipo de base de enchufe:

a) Empotrada.
b) De superficie.
c) Aislada.
d) Estanca.

11. ¿Qué es una clema?

a) Un tipo de interruptor.
b) Una base de enchufe.

c) Un tipo de cable.
d) Una ficha de empalme.

12. Según la Unión Técnica de Electricidad, la porcelana es un material aislante eléctrico de clase:

a) 0.
b) A.
c) B.
d) C.

13. ¿Para qué sirve el orificio central o láminas metálicas que salen del interior de la base de los enchufes?

a) Conectar aparatos especiales de clavija americana.
b) Permite unir electrónicamente la clavija del electrodoméstico o aparato con el conductor de toma de tierra.
c) Permite unir el positivo y negativo electrónico para el funcionamiento del electrodoméstico o aparato.
d) Ninguna de las opciones es correcta.

14. Herramienta para apriete:

a) Tijeras.
b) Destornillador.
c) Martillo.
d) Cincel.

15. Según el documento divulgativo del Instituto Nacional de Seguridad y Salud en el Trabajo *"Herramientas manuales: criterios ergonómicos y de seguridad para su selección"*, ¿cuál de las siguientes herramientas sirve para expulsar remaches y pasadores cilíndricos o cónicos, aflojar los pasadores y empezar a alinear agujeros, marcar superficies duras y perforar materiales laminados?

a) Alicates.
b) Cinceles.
c) Destornilladores.
d) Escoplos y formones.

16. Por el tipo de trabajo que realiza, es una herramienta para sujeción:

a) Sargento.
b) Flexómetro.
c) Mazo.
d) Punzón.

17. ¿Qué tipo de esfuerzo realiza la mano con unas Pinzas?

a) Torsión.
b) Aprehensión.
c) Tracción.
d) Empuje.

18. Según el documento divulgativo del Instituto Nacional de Seguridad y Salud en el Trabajo "Herramientas manuales: criterios ergonómicos y de seguridad para su selección", ¿cuál de las siguientes herramientas sirve para sujetar, doblar y cortar?

a) Llaves.
b) Martillo.
c) Alicates.
d) Formón.

19. Según el Anexo I del RD 1215/1997, de 18 de julio, por el que se establecen las disposiciones mínimas de seguridad y salud para la utilización por los trabajadores de los equipos de trabajo, los órganos de accionamiento de un equipo de trabajo que tengan alguna incidencia en la seguridad deberán ser claramente visibles y/e:

a) Indeformables.
b) Identificables.
c) Manipulables.
d) Alcanzables.

20. Según el RD 1215/1997, de 18 de julio, por el que se establecen las disposiciones mínimas de seguridad y salud para la utilización por los trabajadores de los equipos de trabajo, los equipos de trabajo que por su movilidad o por la de las cargas que desplacen puedan suponer un riesgo, en las condiciones de uso previstas, para la seguridad de los trabajadores situados en sus proximidades, deberán ir provistos de:

a) Franjas fosforescentes.
b) Señalización luminosa intermitente.
c) Señalización acústica de advertencia.
d) Alarma antichoque.

21. Cuando un equipo de trabajo deba disponer de un diario de mantenimiento, este permanecerá:

a) A disposición de todos los trabajadores del centro.
b) Actualizado.
c) Abierto por la última página rellenada.
d) En lugar visible.

22. Las escaleras de mano simples se colocarán, en la medida de lo posible, formando un ángulo aproximado con la horizontal de:

a) 15º.
b) 45º.
c) 60º.
d) 75º.

23. Los trabajos que requieran movimientos o esfuerzos peligrosos para la estabilidad del trabajador, sólo se efectuarán si se utiliza un equipo de protección individual anticaídas o se adoptan otras medidas de protección alternativas, cuando se realicen a una altura, desde el punto de operación al suelo, superior a (a partir de):

a) 3,5 metros.
b) 5 metros.
c) 10 metros.
d) 12,5 metros.

24. No se emplearán escaleras de mano y, en particular, escaleras sobre cuya resistencia no se tengan garantías, de longitud superior a (a partir de):

a) 4 metros.
b) 5 metros.
c) 7 metros.
d) 10 metros.

25. Será obligatorio un plan de montaje, de utilización de desmontaje de cualquier andamio instalado en el exterior, sobre azoteas, cúpulas, tejados o estructuras superiores cuya distancia entre el nivel de apoyo y el nivel del terreno o del suelo exceda de una altura de (a partir de):

a) 10 metros.
b) 15 metros.
c) 20 metros.
d) 24 metros.

26. Indica a que corresponde el siguiente símbolo:

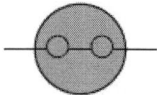

a) Es un símbolo unifilar de las bases de enchufe con toma de tierra.
b) Es un símbolo multifilar de las bases de enchufe con toma de tierra.
c) Es un símbolo unifilar de las bases de enchufe sin toma de tierra.
d) Es un símbolo multifilar de las bases de enchufe sin toma de tierra.

27. En las lámparas halógenas se añade un .... basado en halógenos para evitar que la ampolla se ennegrezca y alargar la vida de la misma:

a) Compuesto orgánico.
b) Compuesto gaseoso.
c) Compuesto líquido.
d) Filamento eléctrico.

28. Se estima que una lámpara de LED tiene una duración aproximada de:

a) 7.000 horas.
b) 20.000 horas.
c) 70.000 horas.
d) 200.000 horas.

29. Para realizar un agujero pasante de gran diámetro se utiliza una broca de:

a) Corona.
b) Taza.
c) Pala.
d) Las opciones a) y b) son correctas.

30. Herramienta utilizada para hacer mayor el orificio, donde colocaremos los tornillos. Ensancha o alisa los taladros o barrenos:

a) Broca avellanadora.
b) Broca escofina.
c) Broca de Taza.
d) Broca de Corona.

31. Son brocas que se utilizan para realizar agujeros para las bisagras de cazoleta:

a) Broca avellanadora.
b) Broca escofina.
c) Broca forstner.
d) Broca de Corona.

32. Para clavar barras o estacas en el suelo utilizaremos:

a) Maceta.
b) Macheta.
c) Maza.
d) Martillo de bola.

33. Yunque con dos puntas opuestas:

a) Bigornia.
b) Tas.
c) Tor.
d) Botador.

34. Indica la opción incorrecta. Además de las cabezas para tornillos normales, existen otros tipos de cabezas como:

a) En cruz.
b) Pentagonal.
c) Hexagonal de interiores.
d) En estrella.

35. En los destornilladores de huella cruciforme existen las huellas:

a) Phillips.
b) Pozidrid.
c) Prodid.
d) Las opciones a) y b) son correctas.

36. Para realizar aprietes de precisión hay destornilladores:

a) De golpe.
b) De carrocero.
c) Dinamométrico.
d) Imantado.

37. ¿Cuál no es una llave ajustable?

a) Inglesa.
b) De tubo.
c) Stillson.
d) Dullan.

38. ¿Cuál no es una llave fija?

a) Plana.
b) De Vaso.
c) De estrella.
d) Dullan.

39. Indica lo incorrecto respecto de las características de las llaves planas:

a) Son fijas.
b) A mayor apertura de la boca, menor debe ser la longitud de la llave.

c) Sus medidas vienen en milímetros.

d) Se usan para apretar o aflojar tuercas y tornillos de cabeza hexagonal.

40. Se emplea para las tuercas que necesitan un brazo de palanca largo o donde no puede utilizarse la llave de vaso en T:

a) Llave curvada.

b) Llave de vaso.

c) Llaves de pipa.

d) Todas son correctas.

41. Especie de martillo con el corte afilado:

a) Maza.

b) Cortafríos.

c) Tas.

d) Tajadera.

42. ¿Cómo se denomina al cuerpo del destornillador?

a) Vástago.

b) Mango.

c) Carraca.

d) Huella.

43. Tipo de ranura de un destornillador caracterizada por una forma estrellada de 6 puntas:

a) Phillips.

b) Pozidriv.

c) Torx.

d) Espiral.

44. Herramienta usada para atornillar/desatornillar tornillos. Se utilizan para tornillos cuya huella sea un hexágono en el interior de la cabeza del tornillo. Se caracterizan porque en lugar de abrazar la tuerca entran en la ranura de la cabeza que lleva el tornillo:

a) Llave inglesa.

b) Llave allen.

c) Llave de tubo.

d) Llave dinamométrica.

45. Una lima de 10 a 15 entalladuras por centímetro cuadrado, es una lima:

a) Fina.

b) Extrafina.

c) Semifina.

d) Basta.

46. ¿Cuál es la función principal de un barreno?

a) Cortar materiales metálicos.
b) Pulverizar materiales crudos.
c) Taladrar agujeros en materiales crudos.
d) Ajustar piezas mecánicas.

47. ¿Qué componente de un barreno transfiere la fuerza de giro hacia la hélice?

a) Mango.
b) Cubo.
c) Caja de cambios.
d) Eje.

48. ¿Qué herramienta es adecuada para cortes en piedra natural y cerámica con alta precisión?

a) Cortadora eléctrica de cabezal móvil.
b) Cortadora eléctrica portátil.
c) Cortadora manual.
d) Amoladora.

49. ¿Qué tipo de cortadora eléctrica es ideal para pequeños trabajos de reparación?

a) Portátil.
b) Mesa móvil.
c) Cabezal móvil.
d) Tronzadora de precisión.

50. ¿Qué diferencia principal tienen los martillos neumáticos frente a los eléctricos?

a) Utilizan aire comprimido y requieren un compresor.
b) Son más ligeros y portátiles.
c) Son más precisos en tareas delicadas.
d) Utilizan un motor con batería recargable.

51. ¿Cuál es la recomendación clave al usar puntales telescópicos?

a) Usarlos siempre a su altura máxima.
b) Nunca aflojarlos ni tensarlos mientras soportan carga.
c) Colocarlos en superficies irregulares.
d) Apoyarlos directamente en el suelo sin protección.

52. ¿Qué gas permitió el desarrollo de las lámparas halógenas?

a) Neón.
b) Argón.
c) Yodo.
d) Nitrógeno.

53. ¿Cuál es una ventaja de las lámparas halógenas frente a las incandescentes normales?

a) El filamento se repara automáticamente.
b) Consumen menos energía.
c) Generan menos calor.
d) No necesitan gas para funcionar.

54. ¿Qué componente permite la regulación de la velocidad en brocas de potencia?

a) Cubo.
b) Caja de cambios.
c) Eje.
d) Hélice.

55. ¿Qué característica diferencia las cortadoras eléctricas de mesa móvil?

a) Son las más ligeras y portátiles.
b) Están diseñadas para cortes de precisión en cerámica.
c) El material a cortar se coloca en una mesa que se desplaza.
d) Trabajan exclusivamente en seco.

56. Es un tipo de amoladora portátil:

a) Recta.
b) Pedestal.
c) Banda.
d) Banco.

57. No es una parte general de la amoladora:

a) Empuñadura.
b) Cuña.
c) Disco.
d) Amoladora.

58. El grosor de los discos de pulido es:

a) 2,5 mm.
b) 3 mm.
c) 6 mm.
d) 1 mm.

59. ¿Qué disco para la amoladora está especialmente recomendado para trabajar la madera?

a) Diamante turbo.
b) De lámina.
c) Diamante segmentado.
d) De widia.

Solución al test n.º 7

1. a) Draga.

2. d) Una máquina para hacer ladrillos.

3. b) Devastado.

4. b) 30 cm.

5. b) 2 metros.

6. d) 2,5 metros.

7. a) 90 cm.

8. d) 1 metro.

9. b) Azul.

10. c) Aislada.

11. d) Una ficha de empalme.

12. d) C.

13. b) Permite unir electrónicamente la clavija del electrodoméstico o aparato con el conductor de toma de tierra.

14. b) Destornillador.

15. d) Escoplos y formones.

16. a) Sargento.

17. b) Aprehensión.

18. c) Alicates.

19. b) Identificables.

20. c) Señalización acústica de advertencia.

21. b) Actualizado.

22. d) 75º.

23. a) 3,5 metros.

24. b) 5 metros.

25. d) 24 metros.

26. d) Es un símbolo multifilar de las bases de enchufe sin toma de tierra.

27. b) Compuesto gaseoso.

28. c) 70.000 horas.

29. d) Las opciones a) y b) son correctas.

30. a) Broca avellanadora.

31. c) Broca forstner.

32. c) Maza.

33. a) Bigornia.

34. b) Pentagonal.

35. d) Las opciones a) y b) son correctas.

36. c) Dinamométrico.

37. b) De tubo.

38. d) Dullan.

39. b) A mayor apertura de la boca, menor debe ser la longitud de la llave.

40. d) Todas son correctas.

41. d) Tajadera.

42. a) Vástago.

43. c) Torx.

44. b) Llave allen.

45. d) Basta.

46. c) Taladrar agujeros en materiales crudos.

47. b) Cubo.

48. a) Cortadora eléctrica de cabezal móvil.

49. a) Portátil.

50. a) Utilizan aire comprimido y requieren un compresor.

51. b) Nunca aflojarlos ni tensarlos mientras soportan carga.

52. c) Yodo.

53. a) El filamento se repara automáticamente.

54. b) Caja de cambios.

55. c) El material a cortar se coloca en una mesa que se desplaza.

56. a) Recta.

57. b) Cuña.

58. c) 6 mm.

59. d) De widia.

TEST N.º 8

Conocimientos básicos de instalaciones de aire acondicionado, calefacción y agua fría y caliente

1. ¿Cómo se definen los equipos de aire acondicionado?

a) Máquinas térmicas consumidoras de energía mecánica o trabajo, para extraer calor de un foco caliente y cederlo a un foco frío.

b) Máquinas térmicas consumidoras de energía mecánica o trabajo, para extraer calor de un foco frío y cederlo a un foco caliente.

c) Máquinas térmicas que ceden energía mecánica o trabajo, para extraer calor de un foco frío y cederlo a un foco caliente.

d) Máquinas térmicas que ceden energía mecánica o trabajo, para extraer calor de un foco caliente y cederlo a un foco frío.

2. ¿Qué es una bomba de calor?

a) Máquina frigorífica que intercambia los focos.

b) Máquina frigorífica que se usa en la guerra.

c) Máquina frigorífica que cede energía mecánica o trabajo.

d) Máquina frigorífica que bombea el frío.

3. Indicar la máquina frigorífica constituida por una unidad exterior y varias unidades interiores:

a) Compacta.

b) Split.

c) Multi-split.

d) Reversible.

4. ¿Qué son las bombas de calor de absorción?

a) Las que son accionadas mecánicamente.

b) Las que no son accionadas térmicamente.

c) Las multi-split.

d) Las que son accionadas térmicamente, esto quiere decir que la energía aportada al ciclo es térmica.

5. ¿Qué tipo de compresores tienen mayor eficacia?

a) Alternativos.
b) Rotativos.
c) Scroll o espiral.
d) De tornillo.

6. ¿Qué le ocurre al refrigerante en el evaporador?

a) Entra vapor y sale líquido.
b) Entra líquido y sale vapor.
c) Entra líquido y sale líquido.
d) Entra vapor y sale vapor.

7. ¿Cómo se llama al aparato que abre un contacto eléctrico cuando el sistema rebasa o no alcanza un valor determinado de presión?

a) Presostato.
b) Manómetro.
c) Termostato.
d) Termómetro.

8. ¿Cómo se llama al aparato que abre un contacto eléctrico cuando el sistema rebasa o no alcanza un valor determinado de temperatura?

a) Presostato.
b) Manómetro.
c) Termostato.
d) Termómetro.

9. ¿Qué son las llaves de paso actuadas por un electroimán?

a) Llaves automáticas.
b) Manómetro eléctricos.
c) Llaves eléctricas.
d) Electroválvulas.

10. Indicar aquella opción que no sea un parámetro de la torre de enfriamiento:

a) Temperatura del bulbo seco.
b) Humedad relativa.
c) Caudal de agua que tiene que circular o enfriar.
d) Tratamiento del agua.

11. ¿Cuál de los siguientes es un combustible líquido?

a) Gas propano.
b) Carbón.
c) Gasóleo C.
d) Gas butano.

12. No es un aparato emisor:

a) El radiador.
b) El fan-coil.
c) El termo.
d) El convector.

13. ¿Qué se entiende por purgar el aire?

a) Introducir aire en las tuberías.
b) Meter cierto tipo de pulgas en las instalaciones.
c) Limpiar las tuberías por fuera.
d) Evitar que las burbujas de aire hagan que las tuberías pierdan sección de paso y que se produzcan fenómenos de sobrepresión.

14. ¿Cuándo funciona correctamente una caldera?

a) Cuando la cadera sea de gas, que las llamas del mechero o quemador sean de color azulado.
b) Total ausencia de olores.
c) Que produzcan calefacción y agua caliente sanitaria cuando se le demande.
d) Todas las respuestas anteriores son correctas.

15. ¿De qué material son los radiadores?

a) De hierro fundido.
b) De cobre.
c) De chapa de acero.
d) Las respuestas a) y c) son correctas.

16. ¿Existen purgadores automáticos?

a) Sí.
b) No.
c) Depende del precio de la instalación.
d) Depende del país donde se adquiera.

17. ¿En qué consisten los purgadores manuales?

a) En sacar el aire con la mano.
b) En sacar el aire con un filtro.

c) En maniobrar el tornillo de su extremo para abrir la salida que lleva este, dejando salir el aire hasta que sale el agua.
d) Depende del tamaño del radiador.

18. ¿Existen radiadores de aluminio?

a) Sí.
b) No.
c) Depende de la zona geográfica.
d) Depende de la estación del año.

19. Dilatadores en forma de U en las instalaciones de calefacción que utilizan la propia tubería en las conducciones rectas para absorber las dilataciones por cambios de temperatura:

a) Dilatadores de lira.
b) Dilatadores de fuelle.
c) Dilatadores de tambor.
d) Dilatadores de arco.

20. Válvulas intercaladas en las tuberías y conductos de la red que sirven para ajustar el caudal en un sistema no sometido a cambios frecuentes de caudal:

a) Válvulas de compuerta.
b) Válvulas de globo.
c) Válvulas de mariposa.
d) Válvulas de macho.

21. Indica la afirmación falsa sobre los intercambiadores:

a) Conservan las características sanitarias de las aguas.
b) Separan el agua de las calderas del agua de consumo.
c) Pueden ser tubulares y de placas.
d) No se produce transferencia de calor en los mismos.

22. Elemento de la bomba de calor en el que el gas refrigerante cede el calor tomado del ambiente:

a) Evaporador.
b) Compresor.
c) Condensador.
d) Válvula expansora.

23. ¿Qué almacenan los depósitos acumuladores?

a) El ACS.
b) Aguas residuales.

c) Aguas recicladas.
d) Aguas limpias.

24. ¿Qué tipo de válvulas de regulación existen?

a) Motorizadas.
b) Termostáticas.
c) Motorizadas y termostáticas.
d) Ninguna de las respuestas anteriores es correcta.

25. ¿Qué tipo de material metálico no se pueden emplear en las tuberías?

a) Acero galvanizado.
b) Acero inoxidable.
c) Cobre.
d) Aluminio.

26. ¿Cómo se deben conectar los sistemas con interacumuladores?

a) En serie.
b) En paralelo.
c) Con la mínima distancia.
d) Con la máxima distancia.

27. ¿Cómo se deben conectar los sistemas con acumuladores?

a) En serie.
b) En paralelo.
c) Con la mínima distancia.
d) Con la máxima distancia.

28. ¿Cómo se aconseja realizar las conexiones de los sistemas con intera- cumuladores?

a) Con retorno invertido.
b) En serie.
c) De forma desequilibrada.
d) Ninguna de las respuestas anteriores es correcta.

29. ¿Qué medida de prevención se debe tomar para que el riesgo de legionelosis sea bajo?

a) Que el agua alcance los 50 °C.
b) Que el agua alcance los 70 °C.
c) Que el agua no supere los 30 °C.
d) Que el agua alcance los 40 °C.

30. Equipo a presión en el que el calor procedente de cualquier fuente de energía se transfiere a los usos térmicos del edificio por medio de un circuito de agua cerrado:

a) Caldera.
b) Bomba de calor.
c) Generador de aire caliente.
d) Instalación térmica.

31. ¿Qué potencia térmica mínima deben tener los equipos para que el local sea considerado sala de máquinas?

a) 50 kW.
b) 60 kW.
c) 70 kW.
d) 80 kW.

32. ¿Cómo debe ser el acceso normal a una sala de máquinas?

a) A través de puertas en las paredes verticales.
b) Por aberturas en el suelo o techo.
c) Por ventanas reforzadas hacia el exterior.
d) Por conductos de ventilación.

33. ¿Qué dimensiones mínimas deben cumplir las puertas de salas de calderas de gas en edificios nuevos según UNE 60601?

a) 0,6 m de ancho y 1,8 m de alto.
b) 1 m de ancho y 2,2 m de alto.
c) 0,8 m de ancho y 2 m de alto.
d) 0,9 m de ancho y 2,5 m de alto.

34. ¿Qué iluminación mínima debe tener una sala de máquinas para trabajos de inspección?

a) 100 lux.
b) 200 lux.
c) 300 lux.
d) 400 lux.

35. ¿Dónde debe estar situado el interruptor general en una sala de máquinas?

a) En las proximidades de la puerta principal de acceso.
b) En el centro del local junto a los generadores.
c) En el exterior de la sala obligatoriamente.
d) A la entrada del edificio donde está ubicada la sala.

36. ¿Qué pendiente mínima deben tener las derivaciones en las tuberías de eva-cuación?

a) 2,5 %.
b) 1,5 %.
c) 5 %.
d) 10 %.

37. ¿Qué elemento de las redes de saneamiento agrupa los desagües de bañera, lavabo y bidé?

a) Sifón tipo S.
b) Canalón de pluviales.
c) Bote sifónico.
d) Colector horizontal.

38. ¿Qué fenómeno puede ocurrir en una bajante cuando el agua comprime el aire en su interior?

a) Sifonamiento por compresión.
b) Sifonamiento por aspiración.
c) Autosifonamiento.
d) Sifonamiento por ventilación.

39. ¿Qué tipo de sistema de saneamiento utiliza una sola canalización para aguas residuales y pluviales?

a) Sistema unitario.
b) Sistema separativo.
c) Sistema mixto.
d) Sistema de trituradores.

40. ¿Qué característica define al sistema semiseparativo de saneamiento?

a) Utiliza una sola red para pluviales y residuales.
b) Las bajantes y colectores son siempre independientes.
c) Bajantes separadas, pero colectores comunes.
d) Colectores paralelos para pluviales y fecales.

41. ¿Qué función tienen los sumideros en una red de saneamiento?

a) Recoger aguas a ras de pavimento.
b) Canalizar aguas residuales hasta los colectores.
c) Ventilar la red de evacuación.
d) Evitar malos olores en las tuberías.

42. ¿Qué tipo de ventilación es suficiente para edificios de hasta 7 plantas?

a) Ventilación primaria.
b) Ventilación secundaria.
c) Ventilación terciaria.
d) Ventilación forzada.

43. ¿Qué elemento impide que los malos olores de la red de evacuación lleguen a los locales habitados?

a) Sumidero sifónico.
b) Canalón pluvial.
c) Sifón hidráulico.
d) Ventilación primaria.

44. ¿Qué sistema de saneamiento permite mover aguas residuales mediante un triturador eléctrico?

a) Sistema mixto.
b) Sistema de trituradores.
c) Sistema unitario.
d) Sistema separativo.

45. ¿Qué pendiente mínima deben tener los colectores horizontales según normativa?

a) 1 %.
b) 1,5 %.
c) 2 %.
d) 2,5 %.

Solución al test n.º 8

1. b) Máquinas térmicas consumidoras de energía mecánica o trabajo, para extraer calor de un foco frío y cederlo a un foco caliente.

2. a) Máquina frigorífica que intercambia los focos.

3. c) Multi-split.

4. d) Las que son accionadas térmicamente, esto quiere decir que la energía aportada al ciclo es térmica.

5. c) Scroll o espiral.

6. b) Entra líquido y sale vapor.

7. a) Presostato.

8. c) Termostato.

9. d) Electroválvulas.

10. d) Tratamiento del agua.

11. c) Gasóleo C.

12. c) El termo.

13. d) Evitar que las burbujas de aire hagan que las tuberías pierdan sección de paso y que se produzcan fenómenos de sobrepresión.

14. d) Todas las respuestas anteriores son correctas.

15. d) Las respuestas a) y c) son correctas.

16. a) Sí.

17. c) En maniobrar el tornillo de su extremo para abrir la salida que lleva este, dejando salir el aire hasta que sale el agua.

18. a) Sí.

19. a) Dilatadores de lira.

20. d) Válvulas de macho.

21. d) No se produce transferencia de calor en los mismos.

22. c) Condensador.

23. a) El ACS.

24. c) Motorizadas y termostáticas.

25. d) Aluminio.

26. b) En paralelo.

27. a) En serie.

28. a) Con retorno invertido.

29. b) Que el agua alcance los 70 °C.

30. a) Caldera.

31. c) 70 kW.

32. a) A través de puertas en las paredes verticales.

33. c) 0,8 m de ancho y 2 m de alto.

34. b) 200 lux.

35. a) En las proximidades de la puerta principal de acceso.

36. a) 2,5 %.

37. c) Bote sifónico.

38. a) Sifonamiento por compresión.

39. a) Sistema unitario.

40. c) Bajantes separadas, pero colectores comunes.

41. a) Recoger aguas a ras de pavimento.

42. a) Ventilación primaria.

43. c) Sifón hidráulico.

44. b) Sistema de trituradores.

45. b) 1,5 %.

TEST N.º 9

Técnicas de limpieza manual y mecánica de instalaciones, talleres, vehículos, etc.

1. La cristalización:

a) Es el tratamiento idóneo para piedras porosas y calcáreas.
b) Se aplica con fregona industrial.
c) Se aplica con máquina de chorro de arena.
d) Son correctas las respuestas a) y c).

2. ¿Con que tipo de mopa se aplicará las emulsiones?

a) La mopa deberá ser de algodón usado.
b) Con los flecos abiertos.
c) Con mopa de fibra metálica.
d) Las opciones a) y b) son correctas.

3. Las emulsiones:

a) Se deben aplicar en capas finas.
b) Hay que aplicar al menos dos capas.
c) Se puede pasar por ellas máquina de alta velocidad.
d) Todas son correctas.

4. Para cristalizar:

a) Utilizaremos productos que contengan fluosilicatos.
b) Sólo aplicaremos fluosilicatos con ceras.
c) Se cristaliza con decapantes.
d) Ninguna es correcta.

5. La primera capa de aplicación de emulsiones de suelos:

a) Se apartará medio palmo del zócalo.
b) Se apartará un palmo del zócalo.

c) Se apartará un palmo y medio del zócalo.
d) Cubrirá toda la superficie del suelo.

6. Los suelos de linóleo:

a) Son suelos duros.
b) Son suelos sensibles a los productos alcalinos.
c) Son suelos porosos.
d) Son correctas las respuestas b) y c).

7. El granito:

a) Es un suelo duro.
b) No es poroso.
c) No cristaliza.
d) Todas son correctas.

8. Los suelos de goma:

a) Se pueden tratar con emulsiones.
b) Son suelos blandos.
c) Su mejor mantenimiento es con máquinas de alta velocidad (método spray).
d) Todas son correctas.

9. La madera y el corcho:

a) Se deberán fregar a diario con agua y detergente neutro.
b) Lo que más les daña es el agua.
c) Se deberán cristalizar.
d) Son suelos no porosos.

10. Las alfombras y textiles:

a) Son suelos porosos en tres dimensiones.
b) Lo que más les daña es el polvo.
c) Se deben aspirar a diario.
d) Todas son correctas.

11. El sistema de limpieza de suelos que simplifica su mantenimiento y que es el más económico se denomina:

a) Abrillantado.
b) Spray.
c) Encerado.
d) Cristalizado.

12. ¿Que determina el grado de agresividad de un disco abrasivo?

a) Su color.
b) Su densidad.
c) Su tamaño.
d) Ninguna de las respuestas anteriores es correcta.

13. Los discos abrasivos tienen la misión de:

a) Extender el producto.
b) Ayudar a la acción química del producto mediante una acción mecánica.
c) Recuperar la suciedad disuelta y abrillantar.
d) Todas las respuestas son correctas.

14. Para la aplicación del Método Spray se debe utilizar:

a) Detergente.
b) Solvente.
c) Cera.
d) Todo ello, emulsionado con agua.

15. ¿Qué tratamiento será más recomendable dar en un suelo de mármol viejo, sin brillo y con arañazos?

a) Primero cristalizado y después encerado.
b) Primero encerado y después diamantado.
c) Primero diamantado y después cristalizado.
d) Primero diamantado y después acuchillado.

16. Señala uno de los inconvenientes que presenta el método de barrido en seco:

a) No permite desempolvar bien por debajo de los muebles y muchas veces fija el polvo y los residuos en los zócalos.
b) La forma en la que debe utilizarse la escoba convencional produce, con el tiempo, dolores de espalda.
c) Es un sistema lento y poco eficaz.
d) Todas las respuestas son correctas.

17. ¿Qué tipo de limpieza se empleará en áreas administrativas?

a) El fregado a máquina.
b) El fregado con un solo cubo solo.
c) El barrido húmedo.
d) El fregado con doble cubo.

18. Las manchas de óxido podrán eliminarse, limpiando bien la superficie con un paño humedecido con una solución de citrato sódico:

a) Al 30 %.
b) Al 20 %.
c) Al 15 %.
d) Al 10 %.

19. ¿A qué tipo de manchas se les debe aplicar una solución de alcohol, ácido acético blanco, glicerina, ácido sálico y éter?

a) A las manchas de cal del agua.
b) A las manchas de óxido.
c) A las manchas de tinta.
d) A las manchas de grasa.

20. ¿Qué tipo de manchas se eliminan con un detergente ácido o con un poco de vinagre?

a) Las manchas de cal del agua.
b) Las manchas de grasa.
c) Las manchas de tinta.
d) Las manchas de chicles.

21. ¿Qué tipo de manchas se eliminan con una solución de agua y un detergente ácido al 50 % o bien alcohol de 96º?

a) Las manchas de tinta.
b) Las manchas de chicles.
c) Las manchas de óxido.
d) Las manchas de grasa.

22. Señala la respuesta incorrecta respecto al aspirado:

a) Moveremos la boquilla de aspiración hacia adelante y hacia atrás mientras avanzamos en el aspirado.
b) Debemos poner a punto la aspiradora asegurándonos de que aspira correctamente y de que es la adecuada para el tipo de suciedad que debemos aspirar.
c) Aspiraremos en primer lugar las superficies que menos se ensucian y, posteriormente las que más se ensucian (y si es preciso dos o tres veces).
d) Comprobaremos que la bolsa está en buenas condiciones para que la boquilla de aspiración pueda succionar la suciedad correctamente.

23. Los disolventes orgánicos que utilicemos para combatir las manchas de grasa deberán:

a) Poder combinarse con gasolina, benceno o tetracloruro de carbono.
b) Tener una temperatura de inflamación por encima de 40 ºC.

c) Tener un umbral de toxicidad superior al del metilcloroformo 350 ppm.
d) Todas las respuestas son correctas.

24. ¿Qué tipo de suelos son una alfombra o una moqueta?

a) Suelos de cerámica.
b) Suelos textiles.
c) Suelos de linóleo.
d) Suelos termoplásticos.

25. ¿Cuál de los siguientes es un suelo duro?

a) Suelos de cerámica.
b) Suelos vinílicos.
c) Suelos de corcho.
d) Suelos de goma.

26. ¿Qué tipo detergente se emplea en el tratamiento de base con método spray de los suelos de PVC?

a) Alcalino.
b) Ácido.
c) Fuerte.
d) No se emplea detergente.

27. Para cristalizar:

a) Utilizaremos productos que contengan fluosilicatos.
b) Sólo aplicaremos fluosilicatos con ceras.
c) Se cristaliza con decapantes.
d) Ninguna es correcta.

28. ¿Qué tratamiento será más recomendable dar en un suelo de mármol viejo, sin brillo y con arañazos?

a) Primero cristalizado y después encerado.
b) Primero encerado y después diamantado.
c) Primero diamantado y después cristalizado.
d) Primero diamantado y después acuchillado.

29. Las paredes lavables:

a) Se lavarán con agua y detergente neutro.
b) Se lavarán con agua y detergente ácido.
c) Se deberá eliminar el polvo de las mismas una vez al mes.
d) Todas son correctas.

30. Las limpiezas de fachadas se pueden realizar:

a) De forma manual.
b) De forma mecanizada.
c) No se limpian las fachadas.
d) Son correctas la a) y la b).

31. Para realizar una limpieza manual de fachadas:

a) Se humedecerán los papeles y carteles pegados a la superficie y se dejará actuar un rato.
b) Se raspan directamente sin mojar.
c) A veces hay que añadir al agua un poco de cal.
d) Se pulen con pulidora de mano.

32. La limpieza mecánica de fachadas se hará:

a) Con agua a presión.
b) Con chorro de arena.
c) Son correctas la a) y la b).
d) Ninguna es correcta.

33. La limpieza de fachadas con chorro de agua:

a) Se realiza siempre con agua fría.
b) El chorro de agua se debe trabajar de arriba a abajo para evitar salpicaduras.
c) La presión y la temperatura variarán según el material de que esté compuesta la superficie.
d) Todas son correctas.

34. Los grafitis:

a) Son pinturas que se realizan en las paredes con rotuladores o sprays.
b) Suelen llevar la firma de la persona que lo hace o bien dibujos.
c) Normalmente se realizan con tinta o pintura.
d) Todas son correctas.

35. Para limpieza de superficies verticales disponemos de:

a) Escaleras.
b) Andamios.
c) Plataformas.
d) Todas son correctas.

36. En la limpieza de paredes, el detergente alcalino se usará en proporción:

a) No superior al 1 % para limpieza de paredes con grasa.
b) No superior al 2 % para limpieza de paredes con grasa.

c) No superior al 3 % para limpieza de paredes con grasa.
d) No superior al 2 % para limpieza de paredes sin grasa.

37. Para el mantenimiento de textiles en paredes se usará:

a) Percloroetileno.
b) Amoniaco.
c) Champú para limpieza de textiles.
d) Las opciones a) y c) son correctas.

38. Señala la afirmación incorrecta en relación con el mantenimiento de las paredes de madera:

a) El agua deteriora la madera, por tanto, evitaremos mojarla.
b) Se pulveriza el mop-sec con producto capta-polvo al menos 10 minutos antes de su utilización.
c) Se procede a pasar el mop-sec por la madera para quitar el polvo.
d) Si quedara alguna mancha, se humedecerá una bayeta y se procederá a quitarlas manualmente.

39. ¿Cómo se eliminan las mancha del roce de las suelas de los zapatos en la pared no lavable?

a) Con agua y jabón.
b) Con una cuchilla.
c) Con goma de borrar.
d) Con lejía.

40. ¿Cómo se limpiarán las paredes empapeladas?

a) Se deberá eliminar el polvo de las mismas una vez al mes.
b) Se limpiarán diariamente con agua y jabón.
c) Se lavarán una vez al mes con un producto para textil en seco.
d) No se limpian.

41. ¿Para la limpieza de acero en puertas qué tipo de bayeta utilizaremos?

a) Bayeta suave de limpieza.
b) Bayeta azul.
c) Es indiferente.
d) No se utiliza bayeta.

42. ¿Cuándo se limpiarán los zócalos?

a) Antes de la pared.
b) Después de la pared.

c) Después del suelo.
d) A la vez que el suelo.

43. ¿Con qué se quitan las manchas de la pintura plástica en una pared?

a) Con agua.
b) En seco.
c) Con trementina.
d) Con percloroetileno.

44. Las paredes de pinturas al temple:

a) Se deben limpiar en seco.
b) Se limpian a través de un lavado y lejiado.
c) Se utilizan pulverizadores sin frotar.
d) Solo se limpian con paños secos.

45. Señala la mejor técnica para eliminar manchas en una pared empapelada:

a) Con goma de borrar o con una bola de miga de pan.
b) Con un rascador.
c) Con un cepillo de cerdas duras.
d) Con un cepillo de cerdas semirrígidas.

46. Indique que afirmación es correcta en relación con a la limpieza de paredes pintadas:

a) Para limpiar una pared pintada es indiferente con qué tipo de pintura se han pintado.
b) Debe lavarse sin haber retirado previamente el polvo para una mayor higiene.
c) Tras el fregado de la pared debe secarse con una trapo seco.
d) No debe enjuagarse más de una vez la esponja o bayeta que se utilice.

47. ¿Cuál de los siguientes tipos de paredes requieren para su lavado un detergente especial y una espuma especial, respectivamente?

a) Entelada y de pintura.
b) Empapelada y de cerámica.
c) De madera y entelada.
d) De pintura y de madera.

48. ¿Con qué frecuencia se procederá a la limpieza de las superficies próximas a las tomas de aire acondicionado?

a) Diariamente.
b) Semanalmente.

c) Cada quince días.
d) Mensualmente.

49. ¿Qué método utilizaría para eliminar manchas de una pared textil?

a) Frotación.
b) Arrastre.
c) Abrasión.
d) Tamponación.

50. ¿Qué utilizaría para limpiar manualmente un techo?

a) Mopa húmeda.
b) Bomba de aspiración.
c) Hidrolimpiadora.
d) Plumero.

51. ¿Con qué se limpiaría el sistema de detección de alarmas?

a) Con agua y jabón.
b) Con aire a presión.
c) Con desinfectante.
d) Con plumero.

52. ¿Qué orden de limpieza es correcto?

a) Techo, pared, suelo.
b) Techo, suelo, pared.
c) Pared, techo, suelo.
d) Suelo, pared, techo.

53. Para limpieza de superficies verticales disponemos de:

a) Escaleras.
b) Andamios.
c) Plataformas.
d) Todas son correctas.

54. ¿Cómo se eliminan las marcas de gotas de agua del espejo del baño?

a) Con agua y jabón.
b) Con agua solo.
c) Con agua y unas gotas de vinagre.
d) Con lejía.

55. ¿Con que producto se limpian los espejos?

a) Con lejía.
b) Con agua y jabón.
c) Con bicarbonato.
d) Un detergente ácido.

56. ¿Qué utensilio de los siguientes utilizaremos para quitar suciedad pegada a los cristales que es difícil de eliminar?

a) Un cepillo aspirante.
b) Un limpiacristales o rastrillo.
c) Un estropajo.
d) Un rasca-vidrios.

57. En la limpieza de cristales, indique cuál de las siguientes afirmaciones es incorrecta:

a) Los cristales deben limpiarse cuando les da el sol con el objeto de ver mejor las manchas.
b) Los cristales deben limpiarse de arriba hacia abajo.
c) Las manchas de insectos podemos eliminarlas más fácilmente con alcohol de quemar.
d) Cuando limpiemos cristales grandes lo haremos más fácilmente si utilizamos cepillos montados con tubos enlazados.

58. A la hora de eliminar la suciedad de los cristales, hay que tener en cuenta que:

a) Las manchas de pintura las quitaremos fácilmente con alcohol de quemar.
b) Los limpiaremos siempre de abajo hacia arriba.
c) Las manchas producidas por los insectos las eliminaremos con esencia de trementina.
d) Procuraremos no limpiarlos cuando el sol se refleje en ellos.

59. Los cristales de las puertas de entrada requieren una frecuencia de limpieza:

a) Quincenal.
b) Semestral.
c) Diaria.
d) Anual.

60. Indica la opción incorrecta. Cuando limpiemos en edificio donde exista personal trabajando debemos tener en cuenta:

a) Señalizar la zona mojada para evitar resbalones.
b) Usar uniformes e identificativos.
c) Ubicar el material en un lugar donde no estorbe.
d) Todas son correctas.

61. Los cristales de difícil acceso se limpiarán con una frecuencia orientativa de:

a) Quincenal.
b) Trimestral.
c) Anual.
d) Diaria.

62. Lo primero que tenemos que hacer en el montaje del restrillo para limpiar los cristales es:

a) Dejar entrar los dos dientes del muelle en cualquiera de las dos aberturas de la guía.
b) acoplar el mango en alguno de los lugares de la guía.
c) Apretar el muelle de acero en la parte inferior del mango.
d) Colocar el mango en la parte central de la guía, es la más usada.

63. Qué es un «*Strip*»:

a) Lavavidrios.
b) Máquina fregadora automática.
c) Rascador de vidrios.
d) Sistema de doble cubo para limpieza de suelos.

64. En la limpieza de ventanas grandes, que primer movimiento debemos hacer con el lavavidrios al empaparlo de agua:

a) En zip zap.
b) De arriba abajo.
c) A lo largo.
d) Es indiferente el movimiento.

65. Para dar el último toque a las ventanas grandes:

a) Colocaremos una gamuza en el extremo del tubo, limpiando a lo largo del borde y en los rincones para quitar eventuales gotas de agua.
b) Con el limpiacristales ligeramente inclinado, arrastre el agua horizontalmente hacia el borde derecho.
c) Cuando se aproxime al borde derecho, vigilar la guía del rastrillo hacia la derecha para que el extremo de su goma toque el borde lateral.
d) Después de cada pasada del rastrillo, escurra el limpiacristales suavemente con unos golpecitos sobre la parte aún mojada del cristal.

66. En el sistema de posicionamiento para la limpieza de ventanas se debe tener en cuenta:

a) Pasar de ventana a ventana por fuera del edificio.
b) Parar sobre el borde de la ventana, aunque esté resbaladizo, lleva zapatos de seguridad.

c) Una vez limpia la ventana, desconecte los dos extremos de la correa antes de entrar en el edificio.

d) Mantener los dos extremos de la correa conectados al punto de anclaje mientras se limpia la ventana.

67. En la limpieza de cristales indica que opción es incorrecta:

a) Se usa un rascador de vidrio para las manchas difíciles.

b) Se limpia siempre de derecha a izquierda.

c) Se limpia siempre de arriba abajo.

d) Se debe limpiar el cristal siempre cuando no le esté dando el sol.

68. El sistema de conexión al anclaje se compone de:

a) Dos líneas de trabajo.

b) Una línea de trabajo y una línea de seguridad.

c) Una línea de trabajo y dos líneas de seguridad.

d) Una sola línea de trabajo.

69. Indica cuál no es una parte de la cuerda tipo A de la norma UNE-EN 1891:

a) Alma.

b) Identificación.

c) Cuerpo.

d) Camisa.

70. De que tipo es el dispositivo de regulación de cuerda accionado manualmente que, cuando se engancha a una línea de trabajo, se bloquea bajo la acción de una carga en un sentido y desliza libremente en sentido opuesto:

a) A.

b) B.

c) C.

d) W.

71. ¿En qué posición se colocará el limpiacristales sobre la superficie del cristal para comenzar limpiar?

a) Horizontal.

b) Vertical.

c) Ligeramente inclinado a la derecha.

d) Es indiferente.

72. ¿En qué posición es más habitual colocar el mango del rastrillo limpiacristales?

a) Derecha.

b) Centro.

c) Izquierda.

d) Ligeramente a la derecha o izquierda, para que sea más fácil llegar a las esquinas.

73. ¿Qué tipos de suciedad es el cemento?

a) Grasa.
b) Mineral.
c) Procedente de partículas que se desprenden del cuerpo.
d) Óxido.

74. ¿Con qué producto se elimina la grasa?

a) No tiene importancia la acidez.
b) Ácido.
c) Alcalino.
d) Neutro o ligeramente alcalino.

75. ¿Con qué producto se elimina la suciedad mineral?

a) Ácido.
b) Básico.
c) Neutro.
d) Lejía.

76. ¿Qué operación es correcta en la limpieza de aseos?

a) Se deberá aplicar después de la limpieza, si es necesario, lejía en una concentración al 2 %.
b) Se deberá aplicar después de la limpieza, si es necesario, peróxido de hidrógeno en una concentración al 2 %.
c) a) Se deberá aplicar después de la limpieza, si es necesario, lejía en una concentración al 12 %.
d) Todas son correctas.

77. De los elementos del cuarto de baño, ¿cuál se limpiará en último lugar?

a) Lavabo.
b) Bidé.
c) Bañera.
d) Inodoro.

78. ¿Para qué sirve la escobilla?

a) Para barrer.
b) Para frotar por dentro el lavabo.
c) Para frotar por dentro el inodoro.
d) Para frotar por dentro y por fuera el inodoro.

79. ¿Qué producto se utilizará para fregar el suelo del baño?

a) Detergente ácido.
b) Jabón.

c) Abrillantador.
d) Detergente-desinfectante.

80. ¿Cuántas veces se limpian los aseos públicos?

a) Una.
b) Diaria.
c) Dos.
d) Cuantas sea necesario en función de la ocupación.

81. ¿Qué es lo primero que se limpia en el aseo?

a) Lavabo.
b) Bidé.
c) Bañera.
d) Inodoro.

82. ¿Qué tipos de aseos públicos podemos encontrar?

a) Para mujeres.
b) Para hombres.
c) Para personas con discapacidad.
d) Todas las respuestas son correctas.

83. ¿A qué altura estará el lavabo en un aseo para personas con discapacidad?

a) 50 cm.
b) 70 cm.
c) 90 cm.
d) 1 m.

84. ¿Cuál de estas características corresponde a un aseo de personas con discapacidad?

a) Lavabo a altura de 90 cm., sin pie ni mueble, que permita el acercamiento y uso con silla de ruedas.
b) Grifos de accionamiento por giro.
c) Barras de apoyo a altura adecuada ancladas firmemente junto al inodoro.
d) Papel higiénico y accesorios cercanos al suelo.

85. ¿Qué es correcto sobre la limpieza de urinarios?

a) Se realizará de la misma forma que la limpieza de inodoros.
b) Es conveniente que la solución permanezca en el interior del urinario durante unos minutos.

c) Para la suciedad mineral se utilizará detergente ácido y después se tirará de la cadena.
d) Todas las respuestas son correctas.

86. ¿Cómo se realizará la limpieza de cuartos de baños y aseos?

a) En húmedo.
b) Realizando limpieza y desinfección simultáneamente.
c) Se fregará el suelo con el sistema de doble cubo.
d) Todas las respuestas son correctas.

87. ¿Qué característica de las siguientes tendrá un buen desinfectante?

a) Altamente soluble.
b) De olor desagradable.
c) No inocuo para la colectividad.
d) Corrosivo.

88. La limpieza de servicios:

a) Debe ser meticulosa.
b) Requiere el uso de guantes.
c) No es importante.
d) Son correctas la a) y la b).

89. La suciedad grasa o materia orgánica:

a) Es la suciedad diaria.
b) Requiere el uso de solución de detergente neutro.
c) Es así como se llama al sarro y óxido.
d) Son correctas la a) y la b).

90. En limpieza de servicios hay que tener en cuenta:

a) Limpiar de lo menos sucio a lo más sucio para evitar contaminaciones.
b) Utilizar muchos productos.
c) Preocuparse únicamente del suelo.
d) Ninguna es correcta.

91. En los servicios se debe:

a) Reponer el papel higiénico, jabón, toallas,...
b) Vaciar papeleras.
c) Dejar correr el agua de los urinarios...
d) Todas son correctas.

92. El detergente ácido:

a) Se empleará para quitar la suciedad de diario.
b) Sólo sirve para eliminar el óxido, sarro, cal,...
c) Se utilizará después de haber limpiado.
d) Son correctas la b) y la c).

93. En la limpieza de los servicios debemos tener en cuenta que hay dos tipos de suciedades, que son:

a) La grasa y la inorgánica.
b) La grasa y la sólida.
c) La grasa y la mineral.
d) Ninguna de las opciones anteriores es correcta.

94. Señala la opción incorrecta con respecto a las características que ha de tener un buen desinfectante:

a) No será inflamable.
b) Será estable en su almacenamiento.
c) De acción eficaz y rápida a temperatura ambiente.
d) Debe ser sensible a las variaciones de pH.

95. El fregado de suelos de despachos se realiza:

a) Con fregona y un cubo.
b) Con carro mopa de doble cubo.
c) Con escoba.
d) Con fregadoras.

96. Las áreas administrativas en general disponen de:

a) Ordenadores.
b) Fotocopiadoras.
c) Fax.
d) Todas son correctas.

97. Para limpiar las pantallas de los ordenadores:

a) Deberán estar apagados y desconectados.
b) Deberán emplearse productos antiestáticos.
c) La humedad puede provocar problemas.
d) Todas son correctas.

98. La eliminación de polvo en mobiliario:

a) Se realizará empezando por los más altos y trabajando de arriba hacia abajo.
b) Se utilizará bayeta con producto capta-polvo.

c) No es importante el método de trabajo.
d) Son correctas la a) y la b).

99. Las sillas tapizadas:

a) Se deberán aspirar.
b) Se limpiarán con bayeta y producto capta-polvo.
c) Se quitarán las manchas con espuma seca.
d) Son correctas la a) y la c).

100. En la limpieza de equipos de oficina (ordenadores personales, fotocopiad ras, etc.), ¿debe limpiarse su interior por parte del personal de limpieza?

a) Sí, pero deben desconectarse de la red eléctrica primero.
b) No, ya que de esa tarea se ocupan los correspondientes profesionales.
c) Sí, pero no de forma diaria sino semestral.
d) No, salvo en el caso de los contenedores de tóner de las fotocopiadoras.

101. ¿Cómo debe limpiarse una carcasa de ordenador?

a) Con una esponja humedecida en alcohol.
b) Con bayeta de tela sin tejer impregnada de solución de detergente multiusos.
c) Con un trapo suave ligeramente humedecido en agua.
d) Con un trapo impregnado de un producto antigrasa.

102. Como se limpian los teléfonos:

a) Sólo con agua.
b) Con un paño humedecido en solución de detergente neutro.
c) Cuando esté muy sucio, con un cepillo muy suave, impregnado de petróleo.
d) Con paño seco y quitapolvo.

103. ¿Cada cuánto tiempo se limpia la zona de micrófono de los teléfonos, si se considera necesario por razones higiénicas?

a) Diariamente.
b) Cada dos días.
c) Semanalmente.
d) Mensualmente.

104. Las sillas de piel o cuero:

a) Se utilizará champú para su limpieza.
b) El polvo se eliminará con bayeta y producto capta-polvo.
c) De vez en cuando se deberá nutrir con crema incolora.
d) Son correctas la b) y la c).

105. Las sillas tapizadas:

a) Se deberán aspirar.
b) Se limpiaran con bayeta y producto capta-polvo.
c) Se quitarán las manchas con espuma seca.
d) Son correctas la a) y la c).

106. La limpieza de las sillas tapizadas se realizará:

a) Diariamente.
b) Cada tres días.
c) Semanalmente.
d) Quincenalmente.

107. ¿Cómo se limpiarán los archivos de oficina?

a) Se limpiarán como el mobiliario lavable.
b) Se limpiarán como el mobiliario no lavable.
c) Se limpiarán diariamente.
d) Todas son correctas.

108. Las ranuras del teclado se limpian:

a) Con papel de celulosa.
b) Con una bayeta humedecida en alcohol.
c) Con una esponja impregnada en una solución de agua con alcohol.
d) Se realizará sacudiendo suavemente los teclados.

109. La limpieza diaria del fax se realiza con:

a) Un paño empapado en agua.
b) Con una bayeta de tela sin tejer humedecida en solución de detergente neutro.
c) Una bayeta mojada en agua con detergente.
d) Todas las respuestas anteriores son correctas.

110. Un limpiador de oficinas necesitará, generalmente, tres bayetas, para:

a) Muebles lavables, muebles no lavables y tapicerías.
b) Cristales, madera y otros materiales.
c) Muebles lavables, muebles no lavables y otros elementos (por ejemplo, ceniceros).
d) La primera para mojar, la segunda para secar y la tercera para abrillantar.

111. El mop-sec que se usa para barrer entre muebles debe tener un ancho de:

a) 30 cm.
b) 1 m.

c) 75 cm.
d) 45 cm.

112. El cristal de la fotocopiadora debe ser limpiado con:

a) Limpiacristales.
b) Agua.
c) Alcohol y detergente.
d) Ninguna de las respuestas anteriores es correcta.

113. La limpieza exterior de una fotocopiadora se realiza con:

a) Un plumero.
b) Una esponja impregnada en detergente.
c) Una bayeta húmeda.
d) Un paño seco.

114. Los equipos informáticos deben limplarse con:

a) Agua.
b) Productos antiestáticos.
c) Lejía.
d) Todas las respuestas anteriores son correctas.

115. La limpieza del interior de la máquina fotocopiadora:

a) Consistirá en retirar el polvo y quitarle cualquier resto de suciedad utilizando una bayeta húmeda.
b) Se realizará limpiando con un paño o bayeta secos.
c) Se utilizarán cepillos especialmente diseñados para ello y un producto capta-polvo.
d) Ninguna es correcta: esta limpieza será realizada por los profesionales del área.

116. Los ordenadores suelen atraer el polvo porque:

a) Suelen cargarse de energía estática.
b) Están fabricados de materiales que atraen el polvo.
c) Tienen imanes interiores, que atraen el polvo que tenga contenido mineral.
d) Ninguna es correcta: los ordenadores no atraen el polvo más que otros elementos de la oficina.

117. En una institución docente debemos tener en cuenta, a la hora de realizar su limpieza una serie de recomendaciones básicas de obligada observación: señale la incorrecta:

a) Vaciar las papeleras.
b) Eliminar el polvo de las zonas altas por encima de los hombros.

c) Prestar especial atención a aquellos elementos que se toquen con las manos: teléfonos, ordenadores, pomos de puertas, etc.

d) Eliminar el polvo del suelo con una mopa en suelos lisos.

118. En una institución docente antes de utilizar productos o líquidos para proceder a la limpieza, se recomienda:

a) Solo barrer los suelos de todo el colegio así como de sus accesos.

b) Solo pasar la mopa por los suelos de todo el colegio así como de sus accesos.

c) Pasar la mopa húmeda por los suelos de todo el colegio así como de sus accesos.

d) Barrer o pasar la mopa por los suelos de todo el colegio así como de sus accesos.

119. En una institución docente qué tipo de textil utilizaremos para limpiar las partículas y las superficies:

a) Utilizaremos trapos de acrílico.

b) Utilizaremos trapos de nailon.

c) Utilizaremos trapos de rayón.

d) Utilizaremos trapos de microfibras, en vez de tela.

120. Según la frecuencia en la limpieza podemos dividir las tareas higiénicas dependiendo de las necesidades en:

a) Primera limpieza: prepara las superficies después de su colocación, operación que facilitará su posterior mantenimiento.

b) Mantenimiento diario: técnicas rápidas para su aplicación día a día.

c) Limpieza periódica: operaciones que permitan tratar parcialmente aspectos puntuales a fin de obtener un nivel de limpieza compatible con las exigencias de los usuarios.

d) Todas las anteriores son correctas.

121. Entre las actividades a realizar según la frecuencia de limpieza semanal, no se encuentra:

a) Sacar telarañas y quitar polvo de las rejillas en el techo con plumero y mango, todo desde el suelo.

b) Mopear y fregar suelos duros.

c) Limpiar estanterías hasta una altura alcanzable desde el suelo. Usar desinfectante si procede.

d) Limpiar paredes hasta una altura alcanzable desde el suelo.

122. ¿Cuáles son los productos más adecuados para limpiar las pizarras?

a) Se deben utilizar productos abrasivos para limpiarlas.

b) Utilizar una bayeta humedecida en agua y un detergente neutro.

c) Usar desinfectantes y detergentes alcalinos.

d) Usar únicamente una bayeta seca.

123. ¿Cómo limpiaremos los azulejos del cuarto de baño?

a) Los azulejos, iremos de lo más limpio a lo más sucio.

b) En horizontal y de arriba abajo.

c) Se utilizará un detergente alcalino desengrasante y después se utilizará un detergente ácido débil para eliminar depósitos de sales, óxido y cal.

d) Todas las anteriores son correctas.

124. Entre las tareas de limpieza mensual no se encuentra:

a) Limpieza de zonas y dependencias de uso no diario, archivos, sótanos.

b) Quitar el polvo de todos los puntos de altura, que no se puede hacer normalmente en las tareas diarias, desde el suelo usando palos extensibles y plumero.

c) Limpieza a fondo de mobiliario con bayeta y desengrasante multiusos.

d) Limpieza de Cristales.

125. Cualquier proceso utilizado para eliminar o matar microorganismos. También se utiliza para referirse a la eliminación o neutralización de sustancias químicas peligrosas y materiales radioactivos. Es la definición de:

a) Biocida.

b) Descontaminación.

c) Desinfectante.

d) Esporicida.

126. ¿En qué consiste la limpieza de trazas?

a) Un arrastre mecánico de la suciedad con un cepillo, escobilla, esponja, agua y detergente y posterior enjuagado con agua y/o destilada.

b) En colocar el material en una solución de limpieza durante 20 o 30 min. Secar y aclarar con agua y/o destilada.

c) En utilizar ácidos o bases para la limpieza se usan lejías o disolventes orgánicos y a continuación, en una solución de HC1 1N y aclarado con agua destilada.

d) En desinfectar antes de proceder a la limpieza mediante inmersión en agua con lejía 20 – 30 min.

127. El ozono por su gran poder oxidante tiene, entre otras las siguientes propiedades:

a) Bactericida.

b) Esterilizante.

c) Fungicida.

d) Todas las anteriores son propiedades del ozono.

128. El ozono aplicado en el conducto de impulsión, a la salida de la máquina de climatización, asegura en todo momento y de manera continuada:

a) La desinfección de los conductos, atacando a la raíz del problema los microbios y la materia orgánica de que se alimentan.

b) La esterilización de los conductos, atacando a la raíz del problema los microbios y la materia orgánica de que se alimentan.

c) La antisepsia de los conductos, atacando a la raíz del problema los microbios y la materia orgánica de que se alimentan.

d) La limpieza de los conductos, atacando a la raíz del problema los microbios y la materia orgánica de que se alimentan.

129. ¿Para qué se utiliza principalmente la lana de acero?

a) Para cristalizar suelos calcáreos y frotar cacerolas de acero.

b) Para pulir cristales de ventanas grandes.

c) Para eliminar residuos grasos en paredes.

d) Para limpiar alfombras y moquetas.

130. ¿Qué herramienta es ideal para quitar polvo en superficies delicadas como lámparas o cuadros?

a) Gamuza húmeda.

b) Cepillo de cerdas finas.

c) Bayeta de microfibra.

d) Plumero.

131. ¿Cómo se deben limpiar las escobas para mantenerlas en buen estado?

a) Sumergiéndolas en agua fría con detergente industrial.

b) Cepillándolas en seco una vez al mes.

c) Lavándolas semanalmente con agua caliente y detergente neutro.

d) Limpiándolas con vapor cada tres días.

132. ¿Qué característica distingue a los guantes de vinilo?

a) Son elásticos y confortables para zonas estériles.

b) Son resistentes y adecuados contra ácidos y disolventes.

c) Son exclusivos para trabajos con alta temperatura.

d) Ofrecen protección contra cortes.

133. ¿Qué herramientas son necesarias para una limpieza profesional de cristales?

a) Plumero, gamuza y recogedor.

b) Esponja y detergente industrial.

c) Mojador, rastrillo, rascador, gamuza y cubo rectangular.

d) Cepillo y aspiradora portátil.

134. ¿Qué función cumplen los palos telescópicos y codos articulados?

a) Facilitan el acceso a zonas altas como techos y grandes ventanas.
b) Sirven para fijar herramientas de limpieza en paredes.
c) Ayudan a transportar equipos de limpieza pesados.
d) Permiten ajustar la presión en el fregado industrial.

135. ¿Qué componentes tiene el sistema de doble cubo en el carro de fregado?

a) Cubos de agua fría y caliente sin divisiones.
b) Cubo único con separadores y escurridor.
c) Dos cubos de diferente color con escurrefregona o prensa.
d) Cubos apilables con tapa hermética.

136. ¿Cuál es el orden correcto en el procedimiento del fregado con doble cubo?

a) Mojar la fregona en el cubo azul, escurrir en el cubo rojo, fregar en zigzag.
b) Fregar en zigzag, mojar en el cubo azul y escurrir en el cubo rojo.
c) Mojar en el cubo rojo, escurrir en el azul y fregar en diagonal.
d) Mojar en ambos cubos alternadamente y fregar de derecha a izquierda.

137. ¿Qué método de limpieza combina aspiración y vapor para eliminar suciedad?

a) Barrido asistido.
b) Aspiradora con vaporeta.
c) Máquina de inyección-extracción.
d) Aspiradora con filtro HEPA.

138. ¿Qué ventaja ofrecen las máquinas de inyección-extracción en la limpieza?

a) Son ligeras y fáciles de transportar.
b) Permiten limpieza superficial sin humedecer los tejidos.
c) Realizan limpieza profunda en tejidos y tapicerías.
d) Funcionan únicamente con productos químicos secos.

139. ¿Qué se utiliza en el barrido asistido para evitar la proyección de polvo al ambiente?

a) Serrín humedecido o arena aceitosa.
b) Agua pulverizada.
c) Filtros de aire incorporados al escobón.
d) Aspiradora con cepillos rotatorios.

140. ¿Qué partes principales tienen los aspiradores de vapor?

a) Motor de alta potencia y depósito de aire comprimido.
b) Depósito de agua, boquilla de vapor, cepillos y filtro de aspiradora.
c) Compartimentos de detergente y ruedas giratorias.
d) Ventilador interno y sistema de succión automática.

Solución al test n.º 9

1. a) Es el tratamiento idóneo para piedras porosas y calcáreas.

2. d) Las opciones a) y b) son correctas.

3. d) Todas son correctas.

4. a) Utilizaremos productos que contengan fluosilicatos.

5. b) Se apartará un palmo del zócalo.

6. b) Son suelos sensibles a los productos alcalinos.

7. d) Todas son correctas.

8. d) Todas son correctas.

9. b) Lo que más les daña es el agua.

10. b) Lo que más les daña es el polvo.

11. b) Spray.

12. a) Su color.

13. d) Todas las respuestas son correctas.

14. d) Todo ello, emulsionado con agua.

15. c) Primero diamantado y después cristalizado.

16. d) Todas las respuestas son correctas.

17. b) El fregado con un solo cubo solo.

18. d) Al 10 %.

19. c) A las manchas de tinta.

20. a) Las manchas de cal del agua.

21 . b) Las manchas de chicles.

22. c) Aspiraremos en primer lugar las superficies que menos se ensucian y, posterior-mente las que más se ensucian (y si es preciso dos o tres veces).

23. c) Tener un umbral de toxicidad superior al del metilcloroformo 350 ppm.

24. b) Suelos textiles.

25. a) Suelos de cerámica.

26. a) Alcalino.

27. a) Utilizaremos productos que contengan fluosilicatos.

28. c) Primero diamantado y después cristalizado.

29. a) Se lavarán con agua y detergente neutro.

30. d) Son correctas la a) y la b).

31. a) Se humedecerán los papeles y carteles pegados a la superficie y se dejará actuar un rato.

32. c) Son correctas la a) y la b).

33. c) La presión y la temperatura variarán según el material de que esté compuesta la superficie.

34. d) Todas son correctas.

35. d) Todas son correctas.

36. b) No superior al 2 % para limpieza de paredes con grasa.

37. d) Las opciones a) y c) son correctas.

38. b) Se pulveriza el mop-sec con producto capta-polvo al menos 10 minutos antes de su utilización.

39. c) Con goma de borrar.

40. a) Se deberá eliminar el polvo de las mismas una vez al mes.

41. a) Bayeta suave de limpieza.

42. b) Después de la pared.

43. a) Con agua.

44. a) Se deben limpiar en seco.

45. a) Con goma de borrar o con una bola de miga de pan.

46. c) Tras el fregado de la pared debe secarse con una trapo seco.

47. c) De madera y entelada.

48. b) Semanalmente.

49. d) Tamponación.

50. a) Mopa húmeda.

51. b) Con aire a presión.

52. a) Techo, pared, suelo.

53. d) Todas son correctas.

54. c) Con agua y unas gotas de vinagre.

55. b) Con agua y jabón.

56. d) Un rasca-vidrios.

57. a) Los cristales deben limpiarse cuando les da el sol con el objeto de ver mejor las manchas.

58. d) Procuraremos no limpiarlos cuando el sol se refleje en ellos.

59. c) Diaria.

60. d) Todas son correctas.

61. b) Trimestral.

62. c) Apretar el muelle de acero en la parte inferior del mango.

63. a) Lavavidrios.

64. c) A lo largo.

65. a) Colocaremos una gamuza en el extremo del tubo, limpiando a lo largo del borde y en los rincones para quitar eventuales gotas de agua.

66. d) mantener los dos extremos de la correa conectados al punto de anclaje mientras se limpia la ventana.

67. b) Se limpia siempre de derecha a izquierda.

68. b) Una línea de trabajo y una línea de seguridad.

69. c) Cuerpo.

70. b) B.

71. c) Ligeramente inclinado a la derecha.

72. b) Centro.

73. b) Mineral.

74. d) Neutro o ligeramente alcalino.

75. a) Ácido.

76. a) Se deberá aplicar después de la limpieza, si es necesario, lejía en una concentración al 2 %.

77. d) Inodoro.

78. c) Para frotar por dentro el inodoro.

79. d) Detergente-desinfectante.

80. d) Cuantas sea necesario en función de la ocupación.

81. a) Lavabo.

82. d) Todas las respuestas son correctas.

83. b) 70 cm.

84. c) Barras de apoyo a altura adecuada ancladas firmemente junto al inodoro.

85. d) Todas las respuestas son correctas.

86. d) Todas las respuestas son correctas.

87. a) Altamente soluble.

88. d) Son correctas la a) y la b).

89. d) Son correctas la a) y la b).

90. a) Limpiar de lo menos sucio a lo más sucio para evitar contaminaciones.

91. d) Todas son correctas.

92. d) Son correctas la b) y la c).

93. c) La grasa y la mineral.

94. d) Debe ser sensible a las variaciones de pH.

95. b) Con carro mopa de doble cubo.

96. d) Todas son correctas.

97. d) Todas son correctas.

98. d) Son correctas la a) y la b).

99. d) Son correctas la a) y la c).

100. b) No, ya que de esa tarea se ocupan los correspondientes profesionales.

101. b) Con bayeta de tela sin tejer impregnada de solución de detergente multiusos.

102. b) Con un paño humedecido en solución de detergente neutro.

103. c) Semanalmente.

104. d) Son correctas la b) y la c).

105. d) Son correctas la a) y la c).

106. d) Quincenalmente.

107. a) Se limpiarán como el mobiliario lavable.

108. d) Se realizará sacudiendo suavemente los teclados.

109. b) Con una bayeta de tela sin tejer humedecida en solución de detergente neutro.

110. c) Muebles lavables, muebles no lavables y otros elementos (por ejemplo, ceniceros).

111. d) 45 cm.

112. d) Ninguna de las respuestas anteriores es correcta.

113. c) Una bayeta húmeda.

114. b) Productos antiestáticos.

115. d) Ninguna es correcta: esta limpieza será realizada por los profesionales del área.

116. a) Suelen cargarse de energía estática.

117. b) Eliminar el polvo de las zonas altas por encima de los hombros.

118. d) Barrer o pasar la mopa por los suelos de todo el colegio así como de sus accesos.

119. d) Utilizaremos trapos de microfibras, en vez de tela.

120. d) Todas las anteriores son correctas.

121. b) Mopear y fregar suelos duros.

122. b) Utilizar una bayeta humedecida en agua y un detergente neutro.

123. d) Todas las anteriores son correctas.

124. a) Limpieza de zonas y dependencias de uso no diario, archivos, sótanos.

125. b) Descontaminación.

126. c) En utilizar ácidos o bases para la limpieza se usan lejías o disolventes orgánicos y a continuación, en una solución de HC1 1N y aclarado con agua destilada.

127. d) Todas las anteriores son propiedades del ozono.

128. a) La desinfección de los conductos, atacando a la raíz del problema los microbios y la materia orgánica de que se alimentan.

129. a) Para cristalizar suelos calcáreos y frotar cacerolas de acero.

130. d) Plumero.

131. c) Lavándolas semanalmente con agua caliente y detergente neutro.

132. b) Son resistentes y adecuados contra ácidos y disolventes.

133. c) Mojador, rastrillo, rascador, gamuza y cubo rectangular.

134. a) Facilitan el acceso a zonas altas como techos y grandes ventanas.

135. c) Dos cubos de diferente color con escurrefregona o prensa.

136. a) Mojar la fregona en el cubo azul, escurrir en el cubo rojo, fregar en zigzag.

137. b) Aspiradora con vaporeta.

138. c) Realizan limpieza profunda en tejidos y tapicerías.

139. a) Serrín humedecido o arena aceitosa.

140. b) Depósito de agua, boquilla de vapor, cepillos y filtro de aspiradora.

Identificación de productos de limpieza y desinfección. Composición y desinfección. Composición e información sobre las propiedades de sus componentes. Identificación de los peligros. Dosificación. Significado de los símbolos utilizados en las etiquetas de los productos

1. ¿Cuál es el desinfectante de alto nivel para equipo médico como endoscopios, tubos de espirómetro, dializadores, transductores, equipos de terapia respiratoria y de anestesia?

a) La lejía.
b) El formaldehído.
c) El glioxal.
d) El glutaraldehído.

2. ¿Qué tipo de detergentes compatibles con la lejía, tienen gran poder emulsionante y una capacidad antiséptica baja ya que no produce selección de gérmenes?

a) Los detergentes no iónicos.
b) Los detergentes anfóteros.
c) Los detergentes aniónicos.
d) Los detergentes catiónicos.

3. ¿Qué tipo de detergentes actúan como catiónicos o aniónicos dependiendo del medio en el que se encuentren, son compatibles con el resto de tensioactivos, con la piel y mucosas y tienen baja sensibilidad a las aguas duras?

a) Los detergentes no iónicos.
b) Los detergentes anfóteros.
c) Los detergentes aniónicos.
d) Los detergentes catiónicos.

4. Señala la respuesta incorrecta respecto a los detergentes alcalinos o básicos:

a) Son productos de gran eficacia, pero de elevado poder corrosivo.
b) Son productos de gran eficacia en los procesos de limpieza de la suciedad en general.
c) Son los más indicados para manchas proteicas y también para manchas de grasa.
d) Son aquellos cuyo pH supera el valor de 9.

5. Los detergentes neutros son aquellos cuyo nivel de pH:

a) Es de 5.
b) Es inferior a 5.
c) Supera el valor de 9.
d) Está comprendido entre 6 y 8.

6. Señala una de las características del desinfectante ideal:

a) Estable, tanto en la forma concentrada como en la diluida del producto.
b) Solubilidad en agua.
c) Amplio espectro (bactericida, virucida, fungicida y esporicida).
d) Todas las respuestas son correctas.

7. ¿Cómo se denomina el compuesto que reduce pero no necesariamente elimina los microorganismos desde el medioambiente inanimado y suele ser utilizado generalmente en contacto con los alimentos?

a) Desinfectante de hospital.
b) Detergente desinfectante.
c) Sanitizante.
d) Desinfectante general o de amplio espectro.

8. Señala la respuesta incorrecta respecto a la lejía:

a) Su contenido en cloro activo no será inferior a 35 g/l, ni superior a 100 g/l.
b) Es estable aunque tiene poco efecto remanente y se inactiva muy fácilmente en presencia de materia orgánica.
c) Es el derivado clorado más utilizado, pues tiene un amplio espectro antibacteriano.
d) Es de acción rápida y a la vez económica.

9. ¿Cuál es la dilución de uso de la lejía para zonas de alto riesgo?

a) 1:50 (9,8 litros de agua y 200 ml de lejía).
b) 1:10 (9 litros de agua y 1 de lejía).
c) 2:10 (8 litros de agua y 2 de lejía).
d) 5:10 (5 litros de agua y 5 de lejía).

10. Señala la respuesta incorrecta respecto a los fenoles:

a) Se utilizan en la desinfección de objetos inanimados, superficies y ambiente a la concentración del 1 al 5 %.
b) Son poco solubles en agua, pero unidos a jabones y lejías se obtienen emulsiones densas y estables.
c) De acción rápida en 10 o 15 minutos.
d) Son activos frente a hongos y bacterias Gram (+) y menos frente a las Gram (-).

11. ¿Cuál es la concentración óptima del alcohol?

a) 90 %.
b) 75 %.
c) 70 %.
d) 50 %.

12. Señala la respuesta correcta respecto al alcohol:

a) El alcohol etílico es un buen desinfectante de superficies, de acción lenta y alta potencia.
b) Su actividad depende de la concentración, situándose su máxima actividad entre 40 y 60º.
c) Los alcoholes se inactivan en presencia de materia orgánica.
d) Tiene un tiempo de acción mínimo de 5 minutos.

13. Respecto a los desinfectantes basados en oxígeno activo debemos saber que:

a) Puede utilizarse sobre acero inoxidable de baja calidad ya que no es oxidante.
b) Es recomendable para la limpieza y desinfección de todo tipo de superficies.
c) No se recomienda para incubadoras, utillaje y aparatos.
d) Solo actúan en superficies limpias.

14. Señala la respuesta incorrecta:

a) Los limpiametales se aplican sobre aquellos metales que no puedan limpiarse con solución de detergente neutro.
b) Los limpiacristales se pulverizan, se dejan secar y posteriormente se retiran con bayeta seca.
c) Los limpiamuebles pueden ser sustituidos por una bayeta humedecida en solución de detergente neutro.
d) Los limpiamuebles se deben aplicar en la bayeta inmediatamente antes de su uso y, a ser posible, sobre mobiliario no lavable.

15. ¿Qué tipo de detergentes no se disocian en el agua, por lo que carecen de carga y apenas alteran la función barrera cutánea, se emplean para regular la presencia de espuma en los tensioactivos aniónicos y son solubles en agua, funcionando bien en aguas duras?

a) Los detergentes no iónicos.
b) Los detergentes anfóteros.
c) Los detergentes catiónicos.
d) Los detergentes aniónicos.

16. ¿Cómo se denominan los detergentes cuyo nivel de pH es de 5 o inferior, son de gran eficacia, pero de elevado poder corrosivo?

a) Detergentes neutros.
b) Detergentes básicos.
c) Detergentes ácidos.
d) Detergentes alcalinos.

17. ¿Cuál de los siguientes detergentes está destinado a superficies delicadas o en tratamientos de limpieza de gran frecuencia o escasa suciedad, algo determinado por su poca agresividad?

a) Los detergentes neutros.
b) Los detergentes básicos.
c) Los detergentes ácidos.
d) Los detergentes alcalinos.

18. Señala la respuesta incorrecta respecto a los desinfectantes:

a) Son un agente químico que destruye o inhibe el crecimiento de microorganismos patógenos en fase vegetativa o no esporulada.
b) No necesariamente matan todos los organismos, pero los reducen a un nivel que no dañan la salud ni la calidad de los bienes perecederos.
c) Se aplican sobre objetos y materiales inanimados, como instrumentos y superficies, para tratar y prevenir la infección.
d) Tienen consideración de medicamentos los antisépticos para piel sana, incluidos los destinados al campo quirúrgico preoperatorio y los destinados a la desinfección del punto de inyección.

19. Señala la respuesta incorrecta respecto a la lejía:

a) La dilución se preparará días antes de su utilización para mayor eficacia y preferentemente en lugares ventilados.
b) No se mezclará con otros desinfectantes.
c) La dilución se debe hacer con agua fría.
d) Mantendremos el envase bien etiquetado, siempre cerrado y protegido de la luz.

20. ¿Qué materiales corroe la lejía?

a) El hierro.
b) El níquel.
c) El acero cromado.
d) Todas las respuestas son correctas.

21. ¿Cuál es el desinfectante de elección en instrumentos reutilizables para hemodiálisis?

a) La lejía.
b) El formaldehído.

c) El glioxal.
d) El glutaraldehído.

22. ¿Con qué letra se denominan las indicaciones de peligro de las etiquetas de los productos?

a) P.
b) R.
c) H.
d) S.

23. ¿Cómo se denomina el documento elaborado por el fabricante de una sustancia o mezcla química en la que se ofrece abundante información sobre sus riesgos?

a) Ficha de datos de seguridad.
b) Etiqueta.
c) envase.
d) Prospecto.

24. ¿Qué datos contendrá la FDS sobre la manipulación y almacenamiento del producto?

a) Precauciones para una manipulación segura.
b) Condiciones de almacenamiento seguro, incluidas posibles incompatibilidades.
c) Usos específicos finales.
d) Todas las respuestas son correctas.

25. ¿Qué tipo de peligro tienen las sustancias comburentes?

a) Físicos.
b) Químicos.
c) Para la salud.
d) Para el medio ambiente.

26. Cuando una sustancia o mezcla inducen cáncer o aumentan su incidencia, ¿cómo se denomina?

a) Mutagénica.
b) Carcinogénica.
c) Pirogénica.
d) Tóxica.

27. Si en la etiqueta de un producto aparece el siguiente símbolo significa qué es:

a) Peligroso para el medio ambiente.
b) Nocivo.
c) Biodegradable.
d) Tóxico.

28. Los pictogramas de peligro son composiciones gráficas que contienen:

a) Un símbolo rojo sobre un fondo negro, con un marco naranja lo suficientemente ancho para ser claramente visible.

b) Un símbolo blanco sobre un fondo negro, con un marco rojo lo suficientemente ancho para ser claramente visible.

c) Un símbolo rojo sobre un fondo blanco, con un marco naranja lo suficientemente ancho para ser claramente visible.

d) Un símbolo negro sobre un fondo blanco, con un marco rojo lo suficientemente ancho para ser claramente visible.

29. Las indicaciones de peligro, llamadas H, se agrupan en:

a) Peligros para la salud humana.

b) Peligros físicos.

c) Peligros para el medio ambiente.

d) Todas las respuestas son correctas.

30. El documento que elabora el fabricante de una sustancia o mezcla química para informar de sus riesgos se llama:

a) Libro Técnico de Riesgos.

b) Ficha de Datos de Seguridad.

c) Libro de Instrucciones.

d) Nota Técnica de Prevención.

31. Los envases en que se presentan para la venta los productos de limpieza han de cumplir ciertos requisitos. ¿Cuál de los siguientes es falso?

a) Los materiales que constituyen los envases y sus cierres han de ser fácilmente solubles en el contenido para no entrar en reacción con él.

b) Los envases y sus cierres estará diseñados y fabricados de manera que sean estancos, fuertes y sólidos.

c) Los envases de los productos con un sistema de cierre reutilizable dispondrán de un cierre de características y diseños tales que una vez abiertos puedan ser nuevamente cerrados sin perder su carácter estanco.

d) La válvula de los productos envasados en aerosoles deberá permitir el cierre prácticamente hermético del generador de aerosol y estar protegida contra toda abertura involuntaria.

32. El Reglamento CLP establece tres tipos de peligros que pueden representar las sustancias o sus mezclas; señala la incorrecta:

a) Peligros para el medio ambiente.

b) Peligros físicos.

c) Peligros para la salud.

d) Peligros contagiables.

33. Según el Reglamento CLP, ¿en cuántas clases se agrupan los peligros relacionados con las propiedades fisicoquímicas de los productos?

a) En 2 clases.
b) En 6 clases.
c) En 10 clases.
d) En 16 clases.

34. Los líquidos inflamables son aquellos cuyo punto de inflamación no supera:

a) 60 ºC.
b) 80 ºC.
c) 93 ºC.
d) 110 ºC.

35. ¿Cómo se llaman las sustancias que en contacto con otras producen una reacción exotérmica?

a) Pirofóricas.
b) Explosivas.
c) Comburentes.
d) Corrosivas.

36. Las sustancias o mezclas líquidas o sólidas que, aún en pequeñas cantidades, pueden inflamarse al cabo de 5 minutos de entrar en contacto con el aire, se llaman:

a) Sustancias pirofóricas.
b) Sustancias comburentes.
c) Sustancias autorreactivas.
d) Sustancias explosivas.

37. Los peligros para la salud se hallan divididos, según el Reglamento CLP, en:

a) 20 clases y 35 categorías.
b) 2 clases y 5 categorías.
c) 10 clases y 25 categorías.
d) 16 clases y 45 categorías.

38. No se considera toxicidad aguda cuando los efectos adversos se manifiestan:

a) Tras la administración por vía oral de una sola dosis de una sustancia o mezcla.
b) Tras dosis múltiples administradas a lo largo de 24 horas.
c) Como consecuencia de una exposición por inhalación durante 4 horas.
d) Tras la administración por vía cutánea de entre 10 a 20 dosis de una sustancia o mezcla.

39. Se clasifican como irritantes oculares las sustancias que, como consecuencia de su aplicación en la superficie anterior del ojo, producen alteraciones oculares totalmente reversibles en:

a) Las 4 horas siguientes a la aplicación.
b) Las 24 horas siguientes a la aplicación.
c) Los 10 días siguientes a la aplicación.
d) Los 21 días siguientes a la aplicación.

40. En el etiquetado de un producto de limpieza, las palabras que indican el nivel relativo de gravedad de los peligros para alertar al consumidor de la existencia de un peligro potencial, se denominan:

a) Palabras de advertencia.
b) Consejos de prudencia.
c) Pictogramas.
d) Frases R.

41. ¿Cuál de las siguientes es una palabra de advertencia asociada a las categorías menos graves, según el Reglamento CLP?

a) Cuidado.
b) Ojo.
c) Atención.
d) Prudencia.

42. ¿De qué advierte el pictograma de la figura en una etiqueta de un producto de limpieza?

a) Sustancia inflamable.
b) Sustancia comburente.
c) Sustancia corrosiva.
d) Sustancia explosiva.

43. Al utilizar un producto químico con el siguiente pictograma, hay que recordar que se trata de una sustancia:

a) Corrosiva.
b) Dañina para el medio ambiente.
c) Tóxica.
d) Gas bajo presión.

44. Las frases de riesgo, R, de las etiquetas de los productos químicos han sido sustituidos en el nuevo Reglamento CLP por:

a) Las frases H, indicaciones de peligro.
b) Los consejos de prudencia, P.

c) Las palabras de advertencia.
d) Los pictogramas.

45. Las frases EUH en la etiqueta de un producto, contienen:

a) Indicaciones de peligro para la salud humana.
b) Consejos de prudencia.
c) Frases de advertencia.
d) Información suplementaria sobre los peligros.

46. Los nuevos consejos de prudencia en las etiquetas de los productos, equivalen a las anteriores:

a) Indicaciones de peligro.
b) Frases S.
c) Frases R.
d) Palabras de peligro.

47. El etiquetado de aquellos detergentes que resulten clasificados como productos peligrosos:

a) Deberá cumplir el Reglamento sobre clasificación, envasado y etiquetado de preparados peligrosos vigente.
b) Bastará con cumplir sólo el etiquetado de la Reglamentación técnico-sanitaria para la elaboración, circulación y comercio de detergentes y limpiadores.
c) No está sujeta a obligaciones de etiquetado.
d) La etiqueta deberá ser de color naranja.

48. En el caso de que un producto limpiador sea considerado como producto peligroso, actualmente el fabricante debe incluir en su etiquetado un pictograma de peligro que será:

a) Cuadrado y apoyado sobre un lado.
b) Cuadrado y apoyado sobre un vértice.
c) Redondo.
d) Rectangular apoyado sobre el lado mayor.

49. En la tabla de almacenamiento con sus respectivos iconos, el signo "0" entre productos nos indica:

a) Puede almacenarse junto.
b) No debe almacenarse junto.
c) Solamente podrán almacenarse juntos, adoptando ciertas medidas.
d) Debe estar siempre vacío.

50. ¿Qué es falso del almacenamiento de los productos de limpieza?

a) Se debe utilizar en las zonas bajas de las estanterías los productos más voluminosos y los más utilizados.

b) Almacenar las sustancias peligrosas debidamente separadas.

c) A mayor producto almacenado, menor riesgo.

d) Almacenar las sustancias peligrosas agrupadas por el tipo de riesgo que pueden generar y respetando las incompatibilidades que existen entre ellas

51. Los productos de limpieza pueden:

a) Provocar incendios o explosiones.

b) Emitir gases peligrosos.

c) Son ciertas las respuestas a) y b).

d) Generalmente son inocuos, y no debe existir precauciones en su almacenamiento.

52. ¿Qué cantidades de productos químicos de limpieza se guardarán en los lugares de trabajo?

a) Suficientes para un mes de trabajo.

b) Suficientes para una semana de trabajo.

c) Las que sean estrictamente necesarias para el desarrollo de la actividad diaria.

d) No es necesario tener controles estrictos de cantidades de productos químicos de limpieza.

53. ¿Cómo deben almacenarse las sustancias peligrosas empleadas en la limpieza?

a) Separadas y obviando las incompatibilidades que existen entre ellas.

b) Agrupadas por diferentes tipos de riesgo.

c) Obviando las incompatibilidades que existen entre ellas.

d) Separadas, agrupadas por el tipo de riesgo que pueden generar y respetando las incompatibilidades que existen entre ellas.

54. ¿Qué productos de estos pueden estar cerca unos de otros ya que no son reactivos entre sí?

a) La lejía y el salfumán.

b) La lejía y el amoníaco.

c) La lejía, el salfumán, el amoníaco.

d) Todos son reactivos entre sí, y no pueden acercarse unos con otros.

55. Todo lo que se dice de las recomendaciones de almacenaje de productos químicos empleados en limpieza es cierto, excepto:

a) Elegir el recipiente adecuado para guardar cada tipo de sustancia química.

b) Guardar los líquidos peligrosos en recipientes abiertos.

c) Tener en cuenta que el frío y el calor deterioran el plástico, por lo que este tipo de envases que contenga productos químicos de limpieza deben ser revisados con frecuencia.

d) Todos los envases que contenga productos químicos de limpieza deben tener su correspondiente etiqueta.

56. ¿Qué productos químicos se sitúan en las zonas más bajas de las estanterías?

a) Los productos más voluminosos y los menos utilizados.
b) Los productos más voluminosos y los más utilizados.
c) Los productos menos voluminosos y los menos utilizados.
d) Los productos menos voluminosos y los más utilizados.

57. Según el RD 770/1999, ¿qué productos son auxiliares para el lavado a máquina de vajillas?

a) Detergentes y suavizantes.
b) Aditivos y quitagrasas.
c) Abrillantadores y sales.
d) Limpiametales y desincrustantes.

58. ¿Qué caracteriza a los detergentes según la clasificación de productos de limpieza?

a) Se elaboran con grasas animales y huesos calcinados.
b) Son biodegradables y específicos según el tipo de suciedad.
c) Su uso es exclusivo para industria alimentaria.
d) Requieren agua caliente para su activación.

59. ¿Qué materiales deben cumplir los envases de lejía según el Real Decreto 3360/1983?

a) Ser opacos y rígidos.
b) Ser transparentes y retornables.
c) Responder a criterios estéticos infantiles.
d) Ser estancos y no reaccionar con su contenido.

60. ¿Qué productos generan cloramina al mezclarse?

a) Lejía y vinagre.
b) Lejía y amoniaco.
c) Vinagre y bicarbonato.
d) Lejía y alcohol en gel.

61. ¿Qué reacción ocurre al mezclar vinagre con agua oxigenada?

a) Se forma ácido peracético, altamente corrosivo.
b) Se neutralizan entre sí sin efectos secundarios.
c) Se evapora el oxígeno y genera calor.
d) Se forman sales alcalinas inofensivas.

62. ¿Por qué no se deben mezclar lejía y vinagre?

a) Generan gas cloro, altamente tóxico.
b) Producen ácido sulfúrico, que irrita la piel.

c) Provocan reacciones exotérmicas explosivas.
d) Forman un residuo sólido dañino para la salud.

63. ¿Qué ocurre al mezclar lejía con agua caliente?

a) El cloro se evapora, anulando su efecto desinfectante.
b) Se forma ácido clorhídrico, irritante para la piel.
c) Se genera cloramina, tóxica al inhalarse.
d) Se producen burbujas de oxígeno inofensivas.

64. ¿Qué precaución general se debe tener al almacenar productos químicos?

a) Colocarlos en estanterías sin barreras físicas.
b) Agruparlos según su color o diseño del envase.
c) Separar productos que puedan reaccionar entre sí.
d) Mezclar solo productos con el mismo pictograma CLP.

65. ¿Qué ocurre al mezclar lejía con alcohol en gel?

a) Se produce cloroformo y ácido muriático.
b) Se forma ácido peracético, corrosivo.
c) Se generan gases inertes.
d) Se evapora el alcohol y pierde su efectividad.

66. ¿Qué mezcla puede provocar una explosión en recipientes cerrados?

a) Lejía y vinagre.
b) Cloro y lavavajillas.
c) Vinagre y bicarbonato.
d) Lejía y agua oxigenada.

67. ¿Qué debe hacerse si un producto químico presenta varias clases de peligro?

a) Almacenar según el pictograma más visible en el envase.
b) Guardarlo junto a productos compatibles de menor riesgo.
c) Ubicarlo en el almacenamiento que cumpla los requisitos más restrictivos.
d) Mezclarlo con agentes extintores para reducir su riesgo.

68. ¿Qué condiciones deben cumplirse para almacenar líquidos inflamables y corrosivos juntos?

a) Que los recipientes sean transparentes y rígidos.
b) Que los envases sean retornables y de plástico.
c) Que exista una separación física que evite su contacto en caso de incidente.
d) Que ambos líquidos tengan el mismo pictograma CLP.

69. ¿Qué no está permitido al almacenar productos químicos?

a) Separar productos según sus etiquetas de advertencia.
b) Mezclar productos que requieran agentes extintores incompatibles.

c) Guardar productos líquidos en recipientes cerrados herméticamente.
d) Almacenar recipientes grandes en cubetos independientes.

70. ¿Qué se debe considerar al almacenar productos químicos con el mismo pictograma CLP?

a) Pueden almacenarse siempre juntos sin restricciones.
b) Verificar la compatibilidad específica entre sus clases de peligro.
c) Deben separarse con barreras físicas obligatoriamente.
d) Se almacenan según la capacidad del envase.

71. ¿Qué debe hacerse si un almacenamiento incluye líquidos de diferentes clases o categorías?

a) Separarlos por colores según el envase.
b) Considerarlos como un líquido de la clase más peligrosa.
c) Mezclarlos para reducir el riesgo general.
d) Almacenarlos en estanterías con ventilación natural.

Solución al test n.º 10

1. d) El glutaraldehído.

2. c) Los detergentes aniónicos.

3. b) Los detergentes anfóteros.

4. a) Son productos de gran eficacia, pero de elevado poder corrosivo.

5. d) Está comprendido entre 6 y 8.

6. d) Todas las respuestas son correctas.

7. c) Sanitizante.

8. b) Es estable aunque tiene poco efecto remanente y se inactiva muy fácilmente en presencia de materia orgánica.

9. b) 1:10 (9 litros de agua y 1 de lejía).

10. d) Son activos frente a hongos y bacterias Gram (+) y menos frente a las Gram (-).

11. c) 70 %.

12. c) Los alcoholes se inactivan en presencia de materia orgánica.

13. b) Es recomendable para la limpieza y desinfección de todo tipo de superficies.

14. d) Los limpiamuebles se deben aplicar en la bayeta inmediatamente antes de su uso y, a ser posible, sobre mobiliario no lavable.

15. a) Los detergentes no iónicos.

16. c) Detergentes ácidos.

17. a) Los detergentes neutros.

18. d) Tienen consideración de medicamentos los antisépticos para piel sana, incluidos los destinados al campo quirúrgico preoperatorio y los destinados a la desinfección del punto de inyección.

19. a) La dilución se preparará días antes de su utilización para mayor eficacia y preferentemente en lugares ventilados.

20. d) Todas las respuestas son correctas.

21. b) El formaldehído.

22. c) H.

23. a) Ficha de datos de seguridad.

24. d) Todas las respuestas son correctas.

25. a) Físicos.

26. b) Carcinogénica.

27. a) Peligroso para el medio ambiente.

28. d) Un símbolo negro sobre un fondo blanco, con un marco rojo lo suficientemente ancho para ser claramente visible.

29. d) Todas las respuestas son correctas.

30. b) Ficha de Datos de Seguridad.

31. a) Los materiales que constituyen los envases y sus cierres han de ser fácilmente solubles en el contenido para no entrar en reacción con él.

32. d) Peligros contagiables.

33. d) En 16 clases.

34. a) 60 ºC.

35. c) Comburentes.

36. a) Sustancias pirofóricas.

37. c) 10 clases y 25 categorías.

38. d) Tras la administración por vía cutánea de entre 10 a 20 dosis de una sustancia o mezcla.

39. d) Los 21 días siguientes a la aplicación.

40. a) Palabras de advertencia.

41. c) Atención.

42. d) Sustancia explosiva.

43. a) Corrosiva.

44. a) Las frases H, indicaciones de peligro.

45. d) Información suplementaria sobre los peligros.

46. b) Frases S.

47. a) Deberá cumplir el Reglamento sobre clasificación, envasado y etiquetado de preparados peligrosos vigente.

48. b) Cuadrado y apoyado sobre un vértice.

49. c) Solamente podrán almacenarse juntos, adoptando ciertas medidas.

50. c) A mayor producto almacenado, menor riesgo.

51. c) Son ciertas las respuestas a) y b).

52. c) Las que sean estrictamente necesarias para el desarrollo de la actividad diaria.

53. d) Separadas, agrupadas por el tipo de riesgo que pueden generar y respetando las incompatibilidades que existen entre ellas.

54. d) Todos son reactivos entre sí, y no pueden acercarse unos con otros.

55. b) Guardar los líquidos peligrosos en recipientes abiertos.

56. b) Los productos más voluminosos y los más utilizados.

57. c) Abrillantadores y sales.

58. b) Son biodegradables y específicos según el tipo de suciedad.

59. d) Ser estancos y no reaccionar con su contenido.

60. b) Lejía y amoniaco.

61. a) Se forma ácido peracético, altamente corrosivo.

62. a) Generan gas cloro, altamente tóxico.

63. a) El cloro se evapora, anulando su efecto desinfectante.

64. c) Separar productos que puedan reaccionar entre sí.

65. a) Se produce cloroformo y ácido muriático.

66. c) Vinagre y bicarbonato.

67. c) Ubicarlo en el almacenamiento que cumpla los requisitos más restrictivos.

68. c) Que exista una separación física que evite su contacto en caso de incidente.

69. b) Mezclar productos que requieran agentes extintores incompatibles.

70. b) Verificar la compatibilidad específica entre sus clases de peligro.

71. b) Considerarlos como un líquido de la clase más peligrosa.

TEST N.º 11

Prevención de riesgos laborales en trabajos de conservación y explotación de carreteras: riesgos específicos y su prevención en las principales tareas y actividades

1. Qué artículo de la Constitución Española indica que los poderes públicos deben velar por la seguridad e higiene en el trabajo:

a) Artículo 28.
b) Artículo 35.
c) Artículo 40.
d) Artículo 43.

2. ¿Qué se entiende por "riesgo laboral"?

a) La posibilidad de que un trabajador sufra un determinado daño derivado del trabajo.
b) La posibilidad de que un trabajador sufra una enfermedad en el trabajo.
c) La posibilidad de que un trabajador sufra acoso.
d) El riesgo que supone el ir a trabajar.

3. Indica cuál es la definición de prevención:

a) La probabilidad racional de que un riesgo se materialice de forma inminente.
b) El estudio de los procesos potencialmente peligrosos para el trabajo.
c) Conjunto de actividades o medidas adoptadas o previstas en todas las fases de actividad de la empresa con el fin de evitar o disminuir los riesgos derivados del trabajo.
d) Posibilidad de que un trabajador sufra un determinado daño derivado del trabajo.

4. Quedan bajo el ámbito de la Ley de Prevención de Riesgos Laborales:

a) La totalidad de las relaciones laborales reguladas en el Estatuto de los Trabajadores.
b) La totalidad de las relaciones laborales establecidas en el ámbito de las funciones públicas de policía y seguridad.
c) Las relaciones laborales de carácter especial del servicio del hogar familiar.
d) La totalidad de las relaciones laborales establecidas en los servicios operativos de protección civil y peritaje forense.

5. Entre los principios de la acción preventiva recogidos por el artículo 15 de la Ley de Prevención de Riesgos Laborales, no figura:

a) Evitar los riesgos.
b) Evaluar los riesgos que se puedan evitar.
c) Tener en cuenta la evolución de la técnica.
d) Dar las debidas instrucciones a los trabajadores.

6. ¿Cuándo se deben utilizar los equipos de protección individual?

a) Siempre.
b) Cuando los riesgos no hayan sido evaluados.
c) Cuando los riesgos no se puedan evitar o no puedan limitarse.
d) Cuando el trabajador lo estime oportuno.

7. La prevención de riesgos laborales deberá integrarse en el sistema general de gestión de la empresa a través de:

a) La política preventiva.
b) El plan de prevención.
c) El consenso de las partes.
d) El poder de decisión del empresario.

8. Toda lesión corporal que el trabajador sufra con ocasión del trabajo que ejerza por cuenta ajena:

a) Es un riesgo laboral.
b) Es un accidente.
c) Es una enfermedad profesional.
d) Es una simple circunstancia.

9. Para salvar obstáculos o diferencias de nivel, se debe preparar una pasarela sobre el obstáculo o diferencia de nivel, con un ángulo de inclinación lo más suave posible, para evitar sobreesfuerzos. La pasarela tiene que tener una anchura mínima de:

a) 10 cm.
b) 30 cm.
c) 60 cm.
d) 1 metro.

10. Son elementos de seguridad que tratan de minimizar las consecuencias de una colisión, absorbiendo parte de la energía desarrollada en la colisión y por tanto disminuyendo parte de los efectos a los usuarios del vehículo:

a) Biondas.
b) Ojos de gato.

c) Petriles.
d) Hitos de arista.

11. Elementos auxiliares de seguridad conocidos también como "ojos de gato":

a) Biondas.
b) Captafaros.
c) Hastiales.
d) Conos.

12. Todas las excavaciones abiertas y huecos (zanjas y arquetas) permanecerán balizadas en todo el perímetro con valla tipo ayuntamiento siempre que la profundidad no sea superior a:

a) 50 cm.
b) 1 metro.
c) 1,50 metros.
d) 2 metros.

13. Los trabajadores no deben manipular cargas superiores a (a partir de):

a) 15 kilos.
b) 25 kilos.
c) 40 kilos.
d) 60 kilos.

14. En los trabajos de saneo o estabilización de taludes, es conveniente señalizar estos mediante malla de señalización de color:

a) Amarillo.
b) Rojo.
c) Blanco.
d) Naranja.

15. Tipo de panel de información fija o variable en que su estructura no atraviesa de lado a lado la calzada, sino que está colocado en uno de los bordes de la calzada y dispone de un soporte de fijación que o bien está centrado con el panel o está en uno de los extremos.

a) Banderola.
b) Flecha.
c) Cortina.
d) Abanico.

16. En relación a la limpieza de hastiales en túneles, NO es correcto:

a) Realizar la limpieza mediante agua a presión.
b) Limpiar ambas márgenes al mismo tiempo.
c) Que los vehículos del dispositivo detenidos en el arcén de la carretera lleven siempre conectadas las luces de emergencia y los girofaros.
d) Uno de los riesgos más frecuentes en estas operaciones es la exposición a sustancias nocivas o tóxicas.

17. La señalización de obra se retira:

a) En general, en el mismo orden en que se colocó.
b) En general, en orden inverso a como se colocó.
c) Depende del tipo de vía.
d) Ninguna de las anteriores respuestas es correcta.

18. ¿Cuándo se deben balizar los tramos de carretera afectados por obras?

a) Cuando existan zonas vedadas a la circulación, tales como el arcén, parte del carril contiguo, un carril cerrado o la propia obra.
b) Cuando se dispongan carriles provisionales cuyo trazado o anchura difieran de los que habría sin la presencia de las obras.
c) Cuando se establezca una ordenación de la circulación que pueda implicar su detención (sentido único alternativo).
d) Las tres respuestas anteriores son correctas.

19. Una obra que se realice fuera de la plataforma de una carretera:

a) Requiere señalización cuando represente un peligro para la circulación.
b) No se señaliza nunca, pues está fuera de la carretera.
c) Sólo se señaliza de noche mediante balizas luminosas.
d) Requiere señalización en climas lluviosos.

20. Las marcas viales de obra son de color:

a) Naranja.
b) Amarillo.
c) Rojo.
d) Naranja o amarillo.

21. Sobre las vías y salidas de emergencia hay que tener en cuenta que:

a) Deberán desembocar directamente en una zona de seguridad, aunque no permanezcan libres y expeditas.
b) En caso de peligro, todos los lugares de trabajo deberán poder evacuarse rápidamente y en condiciones de máxima seguridad para los trabajadores.

c) Las dimensiones de las vías y salidas deberán tener un ancho no inferior a 3 metros.

d) No es imprescindible que exista una señalización específica.

22. Las bocas de incendio equipadas (BIE) constituyen:

a) Un dispositivo apropiado para la lucha contra incendios.

b) Un dispositivo imprescindible en las vías y salidas de emergencia.

c) Un dispositivo de estabilidad y solidez de los materiales.

d) Un dispositivo de ventilación para disponer de aire limpio en cantidad suficiente.

23. El espacio de trabajo debe tener una dimensión:

a) Igual o superior a dos metros cuadrados por cada trabajador que desempeñe en él su tarea.

b) Igual o superior a tres metros cuadrados por cada trabajador que desempeñe en él su tarea.

c) No inferior a cinco metros cuadrados por cada trabajador que desarrolle en él su trabajo.

d) Que deberá calcularse de tal manera que los trabajadores dispongan de la suficiente libertad de movimientos para sus actividades, teniendo en cuenta la presencia de todo el equipo y material necesario.

24. Los trabajadores deberán disponer en las proximidades de sus puestos de trabajo, de locales de descanso, de vestuarios y duchas o lavabos, y de locales especiales equipados con un número suficiente de retretes y lavabos. La dotación recomendada es de:

a) Un retrete por cada 25 hombres o fracción y uno por cada 15 mujeres o fracción.

b) Un urinario por cada 10 hombres o fracción.

c) Un retrete por cada 15 hombres o fracción y uno por cada 5 mujeres o fracción.

d) Un urinario por cada 5 hombres o fracción.

25. Cuando las plataformas, andamios y pasarelas, así como los desniveles, huecos y aberturas existentes en los pisos de las obras, supongan para los trabajadores un riesgo de caída de altura superior a 2 metros, se protegerán mediante barandillas u otro sistema de protección colectiva de seguridad equivalente. Las barandillas serán resistentes, y tendrán una altura:

a) Mínima de 80 centímetros.

b) Máxima de 1 metro.

c) Mínima de 90 centímetros.

d) Máxima de 2 metros.

26. ¿Qué artículo de la Constitución Española encomienda a los poderes públicos velar por la seguridad e higiene en el trabajo?

a) Artículo 40.2.

b) Artículo 35.1.

c) Artículo 19.5.

d) Artículo 31.3.

27. ¿Cuál es el principal objetivo de la Ley 31/1995?

a) Establecer sanciones por incumplimiento laboral.
b) Garantizar la protección de la salud de los trabajadores frente a los riesgos derivados del trabajo.
c) Promover la negociación colectiva.
d) Asegurar la igualdad de género en el entorno laboral.

28. ¿En qué ámbito no es de aplicación la Ley 31/1995?

a) Servicios operativos de protección civil.
b) Policía, seguridad y resguardo aduanero en situaciones excepcionales.
c) Relaciones laborales del sector privado.
d) Establecimientos penitenciarios en general.

29. ¿Qué se considera un riesgo laboral grave e inminente?

a) Aquel que pueda materializarse en un futuro inmediato y causar un daño grave.
b) Un riesgo que cause incomodidad sin consecuencias graves.
c) Cualquier situación que genere estrés laboral.
d) Aquel que se manifiesta únicamente a largo plazo.

30. ¿Qué término se refiere a cualquier operación de transporte manual de una carga?

a) Zona peligrosa.
b) Manipulación manual de cargas.
c) Evaluación de riesgos.
d) Condición de trabajo.

31. ¿Qué obligación tienen los trabajadores en materia de prevención según la Ley 31/1995?

a) Informar de inmediato sobre cualquier situación de riesgo razonable.
b) Evitar el uso de equipos de protección individual.
c) Implementar medidas preventivas sin consultar al empresario.
d) Realizar trabajos sin importar los riesgos implicados.

32. ¿Qué deben garantizar los equipos de protección individual según el RD 773/1997?

a) Ser reutilizables en cualquier circunstancia.
b) Proteger al trabajador frente a riesgos no evitables por medidas colectivas.
c) Ser siempre desechables tras su uso.
d) Sustituir completamente las medidas colectivas.

33. ¿Qué debe hacer un empresario ante un equipo de trabajo con riesgo específico?

a) Reservar su uso a trabajadores capacitados.
b) Permitir su utilización por cualquier trabajador.
c) Limitar su uso solo a emergencias.
d) Eliminar el equipo de trabajo inmediatamente.

34. ¿Qué formación debe recibir el trabajador en materia preventiva?

a) Exclusivamente teórica.
b) Centrada únicamente en riesgos colectivos.
c) Teórica, práctica y adaptada a su puesto de trabajo.
d) Solo al inicio de su contratación.

35. ¿Qué deben incluir los lugares de trabajo según la Ley 31/1995?

a) Servicios higiénicos y locales de descanso.
b) Exclusivamente áreas construidas para trabajar.
c) Zonas peligrosas para pruebas específicas.
d) Solo oficinas y talleres.

36. ¿Qué derechos básicos tienen los trabajadores según la Ley 31/1995?

a) Información, consulta y participación.
b) Reducción de jornada laboral sin justificación.
c) Elección de medidas preventivas de forma autónoma.
d) Sustitución de equipos por decisión propia.

37. ¿Cuándo puede un trabajador paralizar una actividad laboral?

a) Ante cualquier incomodidad en su puesto.
b) Cuando considere que no tiene la formación suficiente.
c) Cuando exista un riesgo grave e inminente para su salud o vida.
d) Únicamente si el empresario lo autoriza.

38. ¿Quién puede adoptar la decisión de paralizar una actividad en caso de riesgo grave e inminente?

a) Los Delegados de Prevención o representantes de los trabajadores.
b) Exclusivamente la autoridad laboral.
c) Solo el empresario responsable.
d) Cualquier trabajador sin consulta previa.

39. ¿Qué caracteriza a la vigilancia de la salud de los trabajadores?

a) Es obligatoria en todos los casos.
b) No requiere el consentimiento del trabajador.

c) Debe respetar la intimidad y ser proporcional al riesgo.
d) Se realiza únicamente al inicio del contrato.

40. ¿Qué se entiende por evaluación de riesgos laborales?

a) Estimar la magnitud de los riesgos no evitables para decidir las medidas preventivas.
b) El análisis exclusivo de accidentes ocurridos.
c) La identificación de fallos en equipos de trabajo.
d) La planificación de sanciones en caso de incumplimiento.

41. ¿Qué debe garantizar el empresario respecto a los equipos de trabajo?

a) Que sean utilizados por todos los empleados.
b) Que se usen sin restricciones horarias.
c) Que sean adecuados y garanticen la seguridad.
d) Que se adapten a cualquier entorno sin mantenimiento.

42. ¿Qué acción debe realizar el empresario en caso de introducción de nuevas tecnologías?

a) Consultar previamente a los trabajadores o sus representantes.
b) Imponerlas sin necesidad de consulta.
c) Aplicarlas únicamente en situaciones de emergencia.
d) Evaluarlas solo después de su implementación.

43. ¿Qué son los trabajadores especialmente sensibles?

a) Aquellos con mayores derechos laborales.
b) Trabajadores con experiencia limitada.
c) Personas con características personales o condiciones de salud que les hacen vulnerables a riesgos adicionales.
d) Trabajadores encargados de actividades de emergencia.

44. ¿Qué sucede si el empresario no adopta medidas ante un riesgo grave e inminente?

a) Se permite continuar la actividad hasta recibir sanción.
b) Los representantes pueden decidir la paralización de la actividad.
c) El riesgo debe ser asumido por los trabajadores.
d) Se informa a la autoridad laboral sin detener el trabajo.

45. ¿Qué incluye la señalización de seguridad y salud en el trabajo?

a) Exclusivamente señales acústicas.
b) Solo señales visuales en paneles.
c) Señales visuales, acústicas, verbales y gestuales según proceda.
d) Únicamente señalización en casos de emergencia.

Solución al test n.º 11

1. c) Artículo 40.

2. a) La posibilidad de que un trabajador sufra un determinado daño derivado del trabajo.

3. c) Conjunto de actividades o medidas adoptadas o previstas en todas las fases de actividad de la empresa con el fin de evitar o disminuir los riesgos derivados del trabajo.

4. a) La totalidad de las relaciones laborales reguladas en el Estatuto de los Trabajadores.

5. b) Evaluar los riesgos que se puedan evitar.

6. c) Cuando los riesgos no se puedan evitar o no puedan limitarse.

7. b) El plan de prevención.

8. b) Es un accidente.

9. c) 60 cm.

10. a) Biondas.

11. b) Captafaros.

12. d) 2 metros.

13. b) 25 kilos.

14. d) Naranja.

15. a) Banderola.

16. b) Limpiar ambas márgenes al mismo tiempo.

17. b) En general, en orden inverso a como se colocó.

18. d) Las tres respuestas anteriores son correctas.

19. a) Requiere señalización cuando represente un peligro para la circulación.

20. d) Naranja o amarillo.

21. b) En caso de peligro, todos los lugares de trabajo deberán poder evacuarse rápidamente y en condiciones de máxima seguridad para los trabajadores.

22. a) Un dispositivo apropiado para la lucha contra incendios.

23. d) Que deberá calcularse de tal manera que los trabajadores dispongan de la suficiente libertad de movimientos para sus actividades, teniendo en cuenta la presencia de todo el equipo y material necesario.

24. a) Un retrete por cada 25 hombres o fracción y uno por cada 15 mujeres o fracción.

25. c) Mínima de 90 centímetros.

26. a) Artículo 40.2.

27. b) Garantizar la protección de la salud de los trabajadores frente a los riesgos derivados del trabajo.

28. b) Policía, seguridad y resguardo aduanero en situaciones excepcionales.

29. a) Aquel que pueda materializarse en un futuro inmediato y causar un daño grave.

30. b) Manipulación manual de cargas.

31. a) Informar de inmediato sobre cualquier situación de riesgo razonable.

32. b) Proteger al trabajador frente a riesgos no evitables por medidas colectivas.

33. a) Reservar su uso a trabajadores capacitados.

34. c) Teórica, práctica y adaptada a su puesto de trabajo.

35. a) Servicios higiénicos y locales de descanso.

36. a) Información, consulta y participación.

37. c) Cuando exista un riesgo grave e inminente para su salud o vida.

38. a) Los Delegados de Prevención o representantes de los trabajadores.

39. c) Debe respetar la intimidad y ser proporcional al riesgo.

40. a) Estimar la magnitud de los riesgos no evitables para decidir las medidas preventivas.

41. c) Que sean adecuados y garanticen la seguridad.

42. a) Consultar previamente a los trabajadores o sus representantes.

43. c) Personas con características personales o condiciones de salud que les hacen vulnerables a riesgos adicionales.

44. b) Los representantes pueden decidir la paralización de la actividad.

45. c) Señales visuales, acústicas, verbales y gestuales según proceda.

La igualdad efectiva de mujeres y hombres en el ámbito de las Administraciones Públicas. Políticas públicas de igualdad

1. La Ley que regula a nivel estatal la igualdad efectiva de mujeres y hombres, es:

a) La Ley 3/2007, de 12 de marzo.
b) La Ley orgánica 22/2007, de 3 de abril.
c) La Ley orgánica 3/2007, de 22 de marzo.
d) El Decreto Legislativo 7/2003, de 23 de mayo.

2. ¿Qué título de la Ley para la Igualdad efectiva de Mujeres y Hombres se refiere a las políticas públicas para la igualdad?

a) El Título II.
b) El Título III.
c) El Título IV.
d) El Título V.

3. Las obligaciones establecidas en la Ley para la Igualdad efectiva entre Mujeres y Hombres son de aplicación a:

a) Toda persona que se encuentre o actúe en territorio español, cualquiera que fuese su nacionalidad, domicilio o residencia.
b) Todos los españoles residentes en territorio español; pero no a los españoles que tengan residencia en otro país aunque eventualmente se encuentren en territorio español.
c) Toda persona que se encuentre o actúe en territorio español, originaria de algún país adherido a los Tratados internacionales de eliminación de toda forma de discriminación contra la mujer; pero no se puede aplicar a personas originarias de los países no firmantes.
d) Únicamente a todos los españoles se encuentren o no en territorio español.

4. Todo trato desfavorable a las mujeres relacionado con el embarazo o la maternidad constituye:

a) Acoso sexual.
b) Acoso por razón de sexo.
c) Discriminación directa por razón de sexo.
d) Discriminación indirecta por razón de sexo.

5. Cualquier comportamiento realizado en función del sexo de una persona, con el propósito o efecto de atentar contra su dignidad y de crear un entorno intimidatorio, degradante u ofensivo, constituye:

a) Acoso sexual.
b) Acoso por razón de sexo.
c) Discriminación directa por razón de sexo.
d) Discriminación indirecta por razón de sexo.

6. Los actos y las cláusulas de los negocios jurídicos que constituyan o causen discriminación por razón de sexo se considerarán:

a) Válidos, si todas las partes consienten.
b) Anulables y sin efecto durante el primer año; pasado ese tiempo, si no hay denuncia, tendrán efectos legales.
c) Nulos, pero con efecto.
d) Nulos y sin efecto.

7. La capacidad y la legitimación para intervenir en los procesos civiles, sociales y contencioso-administrativos que versen sobre la defensa del derecho de igualdad entre mujeres y hombres, corresponden a:

a) La persona acosada, únicamente.
b) Cualquier ciudadano.
c) Las personas físicas y jurídicas con interés legítimo.
d) Cualquier persona jurídica.

8. Según el artículo 15 de la Ley para la Igualdad efectiva entre Mujeres y Hombres, el principio de igualdad de trato y oportunidades informará la actuación de todos los poderes públicos:

a) Con carácter transversal.
b) De forma equilibrada.
c) Solo cuando se trate de colectivos de especial vulnerabilidad o de violencia de hecho.
d) Con carácter no vinculante.

9. Según la Disposición Adicional Primera de la Ley para la Igualdad efectiva entre Mujeres y Hombres, se entenderá por composición equilibrada la presencia de mujeres y hombres de forma que, en el conjunto al que se refiera, las personas de cada sexo:

a) Tengan la misma representación; es decir la mitad, o la mitad más uno o menos uno si es un número impar de miembros.
b) No superen el 60 % ni sean menos del 40 %.
c) No superen el 70 % ni sean menos del 30 %.
d) No sean menos del 10 %.

10. Los proyectos de disposiciones de carácter general y los planes de especial relevancia económica, social, cultural y artística que se sometan a la aprobación del Consejo de Ministros deberán incorporar:

a) Un Plan Estratégico de Igualdad de Oportunidades.
b) Una estadística o encuesta que posibilite el conocimiento de las diferencias en los valores, roles, situaciones y condiciones, de mujeres y hombres en el ámbito de acción del proyecto o plan.
c) Un informe periódico sobre el conjunto de sus actuaciones en relación con la efectividad del principio de igualdad entre mujeres y hombres.
d) Un informe sobre su impacto por razón de género.

11. Se definen como: "un conjunto ordenado de medidas, adoptadas después de realizar un diagnóstico de situación, tendentes a alcanzar en la empresa la igualdad de trato y de oportunidades entre mujeres y hombres y a eliminar la discriminación por razón de sexo":

a) Los programas de mejora de la empleabilidad de las mujeres.
b) Las medidas de acción positiva para favorecer el acceso de las mujeres al empleo y la aplicación efectiva del principio de igualdad de trato y no discriminación en las condiciones de trabajo.
c) Los protocolos de actuación frente al acoso sexual y al acoso por razón de sexo.
d) Los planes de igualdad de las empresas.

12. Según la disposición transitoria 12ª de la LO 3/2007, a partir del 7 de marzo de 2022, están obligadas a implantar planes de igualdad las empresas con un número de trabajadores superior a:

a) 50 trabajadores.
b) 100 trabajadores.
c) 150 trabajadores.
d) 250 trabajadores.

13. ¿Cómo se denomina el distintivo creado por el Ministerio de Trabajo y Asuntos Sociales para reconocer a las empresas que destacan por la aplicación de políticas de igualdad de trato y de oportunidades con sus trabajadores y trabajadoras?

a) Distintivo "Igualdad en la Empresa".
b) Distintivo "Empresas en Igualdad".
c) Distintivo "Empresa no discriminatoria".
d) Distintivo "Empresa con empleo igualitario".

14. ¿Por cuánto tiempo se concede el distintivo para las empresas en materia de igualdad?

a) Un año, prorrogable uno más.
b) Tres años, prorrogables.
c) Cuatro años.
d) Indefinido.

15. Mantener el equilibrio en las diferentes dimensiones de la vida con el fin de mejorar el bienestar, la salud y la capacidad de trabajo personal, es:

a) Conciliar.
b) Igualar.
c) Discriminatorio.
d) Acoso.

16. La aprobación de convocatorias de pruebas selectivas para el acceso al empleo público en la Administración General del Estado o en los organismos públicos vinculados o dependientes de ella, deberá:

a) Asegurar la adjudicación de plazas ofertadas por el principio de presencia equilibrada de mujeres y hombres.
b) Reservar al menos un 40 % de las plazas para cada sexo.
c) Acompañarse de un informe de impacto de género, salvo en casos de urgencia.
d) Separar las plazas que se hayan de cubrir por hombres de las que se hayan de cubrir por mujeres.

17. Para contribuir al cumplimiento de la legislación en materia de igualdad entre mujeres y hombres, las Administraciones públicas promoverán la adopción por parte de los medios de comunicación, incluyendo las actividades de venta y publicidad que en aquellos se desarrollen, de:

a) Planes de igualdad.
b) La realización de estudios e investigaciones especializadas en la materia.
c) Campañas institucionales dirigidas a fomentar la igualdad entre mujeres y hombres y a erradicar la violencia de género.
d) Acuerdos de autorregulación.

18. La publicidad que comporte una conducta discriminatoria de acuerdo con la Ley orgánica 3/2007 se considerará:

a) Publicidad ilícita.
b) Publicidad inapropiada.
c) Publicidad delictiva.
d) Publicidad engañosa.

19. En el acceso a bienes y servicios ¿puede un contratante indagar sobre la situación de embarazo de una mujer demandante de los mismos?

a) No, en ningún caso.
b) Solo por razones de protección de la salud de la mujer.
c) Sí, en cualquier caso.
d) Sí, sí está en un estado avanzado de gestación.

20. La integración voluntaria, por parte de las empresas, de las preocupaciones sociales, laborales, medioambientales y de respeto a los derechos humanos con sus grupos de interés, responsabilizándose así de las consecuencias y los impactos que derivan de sus acciones, se denomina:

a) Integración empresarial positiva.
b) Responsabilidad social de las empresas.
c) Compromiso de presencia equilibrada en la empresa.
d) Empresa con distintivo de igualdad.

21. Indicar la palabra que falta en la siguiente frase: "El principal fin de la Ley 12/2010, de 18 de noviembre, de igualdad entre mujeres y hombres de Castilla-La Mancha, es alcanzar la igualdad entre hombres y mujeres en todos los ámbitos de la vida":

a) Máxima.
b) Laboral.
c) Jurídica.
d) Real.

22. En las candidaturas a las Cortes Regionales que presenten los partidos políticos, federaciones, coaliciones o agrupaciones de electores, se entenderá por representación equilibrada:

a) La presencia de mujeres y hombres de forma que, en el conjunto de la candidatura, las personas de cada sexo no superen el 60 % ni sean menos del 40.
b) La presencia en las candidaturas del mismo número de hombres que de mujeres.
c) La alternancia de mujeres y hombres en las candidaturas de forma que las personas de un sexo ocupen todos los puestos pares y las del otro todos los puestos impares.

d) La alternancia en cada legislatura del sexo del cabeza de lista de cada partido político federación, coalición o agrupación, de forma que si en una legislatura el cabeza de lista es hombre, en la siguiente legislatura habrá de presentarse a una mujer como cabeza de lista.

23. El informe de impacto de género al anteproyecto de Ley de Presupuestos de la Comunidad Autónoma de Castilla-La Mancha será realizado por:

a) La Comisión de Igualdad.
b) La Consejería competente en materia de Hacienda.
c) La Consejería competente en materia de servicios sociales.
d) El Instituto de la Mujer de Castilla-La Mancha.

24. Seleccionar entre las opciones propuestas la palabra que falta en la siguiente frase: "En la comunicación institucional, las Administraciones públicas de Castilla-La Mancha velarán por la transmisión de una imagen igualitaria, plural y no ....de mujeres y hombres en la sociedad, y promoverán el conocimiento y la difusión del principio de igualdad entre mujeres y hombres en el desarrollo de sus políticas":

a) Discriminatoria.
b) Denigrante.
c) Sexista.
d) Estereotipada.

25. ¿Quién aprueba el Plan Estratégico para la Igualdad de Oportunidades de Castilla-La Mancha?

a) El Consejo de Gobierno.
b) El Instituto de la Mujer de Castilla-La Mancha.
c) Las Cortes de Castilla-La Mancha.
d) La Comisión de Igualdad.

26. Seleccionar entre las opciones propuestas la palabra que falta en la siguiente frase: "La Junta de Comunidades de Castilla-La Mancha establecerá medidas específicas dirigidas a la eliminación de los estereotipos masculinos y femeninos y al fomento de la familiar y doméstica, con el fin de garantizar el derecho y el deber de las mujeres y de los hombres a compartir las responsabilidades familiares, en particular las tareas domésticas y el cuidado de las personas dependientes":

a) Conciliación.
b) Corresponsabilidad.
c) Representatividad.
d) Equiparación.

27. Seleccionar entre las opciones propuestas la palabra que falta en la siguiente frase:"La Junta de Comunidades de Castilla-La Mancha garantiza el derecho.................. en la adjudicación de viviendas de promoción pública en régimen de alquiler o propiedad, a las mujeres de Castilla-La Mancha que se hallen en circunstancias de especial vulnerabilidad, por estar en situación de necesidad o de exclusión social, por ser víctimas de violencia de género o por pertenecer a un colectivo que soporte discriminaciones múltiples, entre las que se encuentran las mujeres solas con cargas familiares, en las condiciones que reglamentariamente se determinen":

a) Inalienable.
b) Irrenunciable.
c) Preferente.
d) Imprescriptible.

28. La Junta de Comunidades de Castilla-La Mancha fomentará el acceso al empleo de las mujeres jóvenes de Castilla- La Mancha, entendiendo por estas las menores de:

a) 25 años.
b) 30 años.
c) 35 años.
d) 40 años.

29. El Instituto de la Mujer de Castilla-La Mancha elaborará un informe sobre la aplicación de la Ley 12/2010, en el que se propondrán las medidas y actuaciones necesarias para conseguir la igualdad real entre mujeres y hombres, cada:

a) Mes.
b) Año.
c) 2 años.
d) 3 años.

30. ¿Cuál es el órgano o institución garante del derecho a la igualdad entre mujeres y hombres en las actuaciones de las Administraciones Públicas castellano- manchegas?

a) El Defensor del Pueblo.
b) El Instituto de la Mujer de Castilla-La Mancha.
c) La Comisión de Igualdad.
d) La Unidad de Igualdad de Género.

31. Completa la palabra que falta. «La Administración educativa castellano-manchega aplicará la.....................de la igualdad en la elaboración, desarrollo y seguimiento de todas las actuaciones que correspondan a la comunidad educativa».

a) Transversalidad.
b) Irrenunciable.
c) Preferente.
d) Imprescriptible.

32. ¿Cada cuánto tiempo el consejo Escolar de Castilla-La Mancha realizará un informe de las iniciativas adoptadas para el fomento de la igualdad efectiva de mujeres y hombres?

a) Cada seis meses.
b) Anualmente.
c) Cada trimestre.
d) Cada 3 años.

33. La Junta de Comunidades de Castilla-La Mancha fomentará la igualdad de oportunidades mediante:

a) Posibilitar cursos de formación en igualdad a los agentes sociales y económicos.
b) Promover la elaboración de guías de buenas prácticas en la negociación colectiva.
c) Favorecer el asesoramiento técnico a las empresas que no vengan obligadas a realizar planes de igualdad, para que puedan afrontar su elaboración voluntaria con mayor facilidad.
d) Todas son correctas.

34. El acoso sexual y el acoso relacionado con el género, en el trabajo, deberá tratarse como un:

a) Riesgo profesional.
b) Acoso moral.
c) Riesgo de carácter personal.
d) Las opciones a y c son correctas.

35. ¿En qué artículo de la Ley 12/2010, constituye acoso sexual cualquier comportamiento, verbal o físico, de naturaleza sexual que tenga el propósito o produzca el efecto de atentar contra la dignidad de una persona, en particular cuando se crea un entorno intimidatorio, degradante u ofensivo?

a) Según el artículo 3.1.
b) Según el artículo 53.1.
c) Según el artículo 58.
d) Según el artículo 35.

Solución al test n.º 12

1. c) La Ley orgánica 3/2007, de 22 de marzo.

2. a) El Título II.

3. a) Toda persona que se encuentre o actúe en territorio español, cualquiera que fuese su nacionalidad, domicilio o residencia.

4. c) Discriminación directa por razón de sexo.

5. b) Acoso por razón de sexo.

6. d) Nulos y sin efecto.

7. c) Las personas físicas y jurídicas con interés legítimo.

8. a) Con carácter transversal.

9. b) No superen el 60 % ni sean menos del 40 %.

10. d) Un informe sobre su impacto por razón de género.

11. d) Los planes de igualdad de las empresas.

12. d) 50 trabajadores.

13. a) Distintivo "Igualdad en la Empresa".

14. b) Tres años, prorrogables.

15. a) Conciliar.

16. c) Acompañarse de un informe de impacto de género, salvo en casos de urgencia.

17. d) Acuerdos de autorregulación.

18. a) Publicidad ilícita.

19. b) Solo por razones de protección de la salud de la mujer.

20. b) Responsabilidad social de las empresas.

21. d) Real.

22. c) La alternancia de mujeres y hombres en las candidaturas de forma que las personas de un sexo ocupen todos los puestos pares y las del otro todos los puestos impares.

23. a) La Comisión de Igualdad.

24. d) Estereotipada.

25. a) El Consejo de Gobierno.

26. b) Corresponsabilidad.

27. c) Preferente.

28. b) 30 años.

29. d) 3 años.

30. a) El Defensor del Pueblo.

31. a) Transversalidad.

32. d) Cada 3 años.

33. d) Todas son correctas.

34. a) Riesgo profesional.

35. b) Según el artículo 53.1.

Cómo acceder al Curso

Peón Especialista (Personal Laboral Grupo V)
Test

El uso de los códigos **es exclusivo de los compradores de los productos de Editorial MAD**. Cada producto posee un código único y de un solo uso. Es personal e intransferible y da acceso a servicios y contenidos adicionales. Editorial MAD se reserva el derecho de hacer cuantas comprobaciones sean necesarias para identificar al legítimo poseedor del código y dejar de dar servicio a quien haga uso fraudulento del mismo, además de emprender cuantas acciones legales estime oportunas según la legislación vigente.

Deberás acceder a:

mad.es/registro-campus

Si una vez aceptadas las condiciones de uso del Campus decides hacer uso del mismo, necesitarás del siguiente código de acceso junto con los códigos del resto de títulos que se exigen (si fuera el caso):

YGZ24WC5NL